국어가 좋아지는 국어사전

글 오성균
서울교육대학교를 졸업하고, 서울교육대학교 교육대학원 초등국어교육과에서 공부를 했어요.
지금은 서울송원초등학교에서 어린이들을 가르치고 있어요.
어린이들이 잘 모르는 낱말이 있을 때 사전을 찾아보며 공부하는 재미를 알게 되기를 바라는 마음으로
『국어가 좋아지는 국어사전』을 만들었어요.

그림 류미선
공주영상정보대학교 애니메이션과를 졸업하고, 지금은 어린이들의 예쁜 꿈을 그리는 일러스트레이터로
활동하고 있어요.
그린 책으로 『우등생 해법 영어』, 『눈높이 한자』, 『생각하는 피자』, 『모음 동화』 등이 있어요.

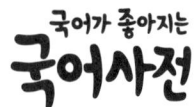

글쓴이 오성균 **그린이** 류미선

2판 1쇄 펴낸날 2020년 3월 15일 2판 4쇄 펴낸날 2024년 5월 15일
펴낸이 김병오 **편집** 이향 조웅연 **디자인** 정상철 **홍보마케팅** 한승일 **경영지원** 김유진 이선영
펴낸곳 (주)킨더랜드 등록 제406-2015-000037호 **주소** 경기도 파주시 회동길 512 B동 3F
전화 031-919-2734 **팩스** 031-919-2735
ISBN 978-89-5618-702-0 74710 978-89-5618-700-6 (세트)
제조자 (주)킨더랜드 **제조국** 대한민국 **사용연령** 8세 이상

국어가 좋아지는 국어사전 ⓒ오성균 류미선 2016
• 신저작권법에 의해 한국 내에서 보호를 받는 저작물이므로 무단전재와 복제를 금합니다.
• 종이에 손이 베이거나 모서리에 다치지 않게 주의하세요.

국어가 좋아지는 국어사전

킨더랜드 책가방 1

글 오성균 · 그림 류미선

『국어가 좋아지는 국어사전』 똑똑하게 읽어 보기

초등학교 저학년 국어 교과서에 나오는 낱말을 실었습니다.
또한 초등학교 저학년 국어 교과서에 나오지는 않지만
우리말을 이해하는 데 도움이 되는 낱말은 함께 실었습니다.
다른 과목의 교과서를 읽을 때에도 활용해 보세요.

우리가 일반적으로 사용하는 사전처럼 가나다순으로 차례를 만들었습니다. 모르는 낱말을 사전에서 찾아 공부하는 습관을 가져 보세요.

〈이럴 때 이렇게 써요〉에서는 생활 속에서 그 낱말의 뜻을 이해하고 사용하도록 예문을 다루었습니다. 낱말의 뜻을 이해했다면 적절한 상황에서 바르게 사용할 수 있도록 연습해 보세요.

이럴 때 이렇게 써요
- '오현재'라는 이름에서 **가운데** 글자는 '현'입니다.
- 지우개, 연필, 공책 **가운데** 네가 갖고 싶은 것 하나만 골라 봐.

각 낱말에 대한 〈비슷한말〉과 〈반대말〉을 함께 담았습니다. 낱말의 뜻과 함께 알아 두세요.

비슷한말 중앙, 한복판
반대말 가장자리, 변두리

낱말이 한자어인 경우, 한자의 음과 뜻을 알려 주어 낱말의 뜻을 정확하게 이해하는 데 도움을 줍니다. 낱말이 어떻게 만들어졌는지 유추해 보세요.

가족

(家 집 가, 族 겨레 족)

신나는 국어 교실 뽐내는 국어 실력에서는 자음자와 모음자, 고유어와 한자어, 틀리기 쉬운 말, 우리말 바로 쓰기, 동음이의어, 문장 부호의 이름과 쓰임 등 다양한 국어 학습을 담아 우리말의 바른 사용과 우리말 배우기의 즐거움을 전합니다.

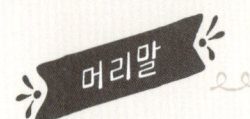

국어사전을 찾는 습관은
모든 공부의 첫걸음이 되지요!

여러분은 친구들과 이야기하거나 책을 읽거나 선생님 말씀을 들을 때, 어려운 낱말이 나오면 어떻게 하나요? 아마 처음 들을 때는 속으로 '무슨 뜻일까?' 하고 생각하다가도 금세 잊어버리거나 확인해 보지 않고 그냥 넘기는 일이 많을 거예요. 하지만 이제부터 국어사전을 찾아보면 어떨까요?
『국어가 좋아지는 국어사전』은 여러분이 궁금한 낱말이 생기거나, 잘 모르는 낱말을 발견했을 때 우리말을 멋지게 쓸 수 있도록 도와주는 책이랍니다.

우리가 무엇을 배우고자 할 때, 가장 기본이 되는 것은 바로 우리말입니다. 우리말을 알고, 글을 읽고 쓸 줄 아는 것은 다른 배움의 시작이 되지요. 수학, 사회, 과학, 도덕 등 학교에서 배우는 모든 교과가 우리말을 배우는 과목인 '국어'와 서로 연결되어 있기 때문에 국어를 잘하면 다른 교과를 이해하는 데 많은 도움이 됩니다.
영어를 빼고는 여러분이 학교에서 배우는 과목들이 우리말로 쓰여 있으니 우리말을 잘하면 당연히 도움이 되겠지요?

『국어가 좋아지는 국어사전』에는 초등학교 저학년 국어 교과서에 나오는 낱말 가운데 어려운 낱말과 어린이들이 학교 공부를 하면서 알아 두면 좋은 낱말을 담았습니다. 학교에서나 집에서나 모르는 낱말이 있으면 쉽게 찾아보며 우리말을 배울 수 있지요. 우리말을 바르게 쓰면 다른 공부도 쉽게 할 수 있다고 했지요? 우리말을 바르게 쓰려면 어떻게 해야 할까요? 바로 국어사전을 자주 찾아보는 습관이 필요하지요. 사전을 찾아보며 공부하는 습관을 가져 보세요. 또, 국어뿐만 아니라 다른 교과를 배울 때에도 국어사전을 옆에 두고 함께 찾아보세요. 국어사전을 찾는 습관이 여러분의 국어 실력을 빛나게 해 줄 거예요. 자, 이제부터 시작해 볼까요?

오성균

차례

ㄱ

가운데 · 18
가족 · 19
간판 · 20
감동 · 21
강당 · 22
거인 · 23
게시판 · 24
겨레 · 25
결승 · 26
겸손 · 27
경험 · 28
고민 · 29
고을 · 30
고집 · 31
곤충 · 32
골탕 · 33

공격 · 34
공예 · 35
과정 · 36
관람 · 37
광장 · 38
교훈 · 39
구별 · 40
국어사전 · 41
군더더기 · 42
궁리 · 43
권유 · 44
궤짝 · 45
귀국 · 46
글 · 47
글자 · 48
기본 · 49
기술 · 50
까닭 · 51

꾀 · 52
꾸러미 · 53
꿈 · 54

ㄴ

낙서 · 56
냄새 · 57
냉정 · 58
노력 · 59
느낌 · 60

ㄷ

다의어 · 62
담그다 · 63
당번 · 64
대답 · 65

대상 · 66
대출 · 67
대표 · 68
대화 · 69
동기 · 70
동무 · 71
동음이의어 · 72
동작 · 73
등장 · 74

마련 · 76
마술 · 77
말투 · 78
모금 · 79
모둠 · 80
모습 · 81

목수 · 82
문장 · 83
문제 · 84
문진 · 85
미생물 · 86

바탕 · 88
박물관 · 89
박사 · 90
발명 · 91
발음 · 92
방문 · 93
번식 · 94
벼슬 · 95
보답 · 96
보충 · 97

보험 · 98
부리 · 99
부호 · 100
분해 · 101
불안 · 102
불편 · 103
비밀 · 104

사범 · 106
살림 · 107
상상 · 108
상황 · 109
새침데기 · 110
생김새 · 111
생신 · 112
생태 · 113

선발 · 114
설명 · 115
성격 · 116
성분 · 117
소개 · 118
속담 · 119
습관 · 120
습기 · 121
시 · 122
시간 · 123
신고 · 124
신청 · 125
실감 · 126
심술 · 127
쓰임 · 128

아우 · 130
안내 · 131
안전사고 · 132
야단 · 133
약도 · 134
약초 · 135
역할 · 136
연속 · 137
염료 · 138
염색 · 139
예절 · 140
완성 · 141
외딴 · 142
요술 · 143
우주 · 144

운전면허 · 145
원인 · 146
위험 · 147
유학 · 148
은혜 · 149
응원 · 150
의견 · 151
이야기 · 152
이장 · 153
이해 · 154
인심 · 155
인형극 · 156

자랑 · 158
작문 · 159
작별 · 160

잡지 · 161	짐작 · 179	축하 · 195
장면 · 162	쪽지 · 180	충고 · 196
재치 · 163		치료 · 197
전학 · 164		친정 · 198
접수 · 165		
정성 · 166	차례 · 182	
정직 · 167	참견 · 183	
조리 · 168	채점 · 184	탑승 · 200
조립 · 169	처방 · 185	태도 · 201
조사 · 170	처자 · 186	태연 · 202
조상 · 171	처지 · 187	토박이말 · 203
존중 · 172	천연 · 188	특징 · 204
종류 · 173	체감 · 189	
주인공 · 174	체조 · 190	
주장 · 175	체험 · 191	
준비 · 176	초대 · 192	파견 · 206
줄거리 · 177	추천 · 193	판결 · 207
지혜 · 178	추측 · 194	편리 · 208

평생 · 209
포장 · 210
표정 · 211
표지판 · 212
표현 · 213
필요 · 214

활용 · 224
훈화 · 225
흡입 · 226
흥미 · 227

신나는 국어 교실
뽐내는 국어 실력 · 229

하루 · 216
합격 · 217
해결 · 218
행사 · 219
허수아비 · 220
형식 · 221
확인 · 222
환호 · 223

가운데

처음과 끝 사이에 있는 중간 부분이에요.

이럴 때 이렇게 써요
- '오현재'라는 이름에서 **가운데** 글자는 '현'입니다.
- 지우개, 연필, 공책 **가운데** 네가 갖고 싶은 것 하나만 골라 봐.

비슷한말 중앙, 한복판
반대말 가장자리, 변두리

우리는 '가운데'라는 말을 자주 쓰지요. 보통 어떤 곳이나 길이가 있는 물건에서 한쪽으로 치우치지 않고 양쪽 두 끝에서 거의 같은 거리로 떨어져 있는 부분을 가리켜요.
또 순서에서 처음과 끝 사이의 중간을 가운데라고도 하지요.
"여기 있는 것 가운데 아무거나 하나만 주세요!"와 같이 여러 물건을 두고 무엇을 고를 때에도 쓰지요.

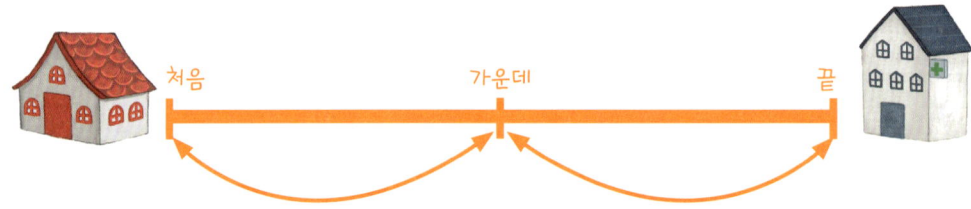

가족
(家 집 가, 族 겨레 족)

아빠와 엄마처럼 결혼을 하거나
부모와 자식처럼 혈연이나 입양으로 맺은 집단이에요.

이럴 때 이렇게 써요　　　　　　　　　　　　　　　비슷한말 식구
- 온 **가족**이 함께 어린이 대공원으로 소풍을 갔습니다.
- 우리 **가족**은 할아버지, 할머니, 아빠, 엄마, 나, 동생 이렇게 여섯입니다.

우리가 사는 집에는 아빠와 엄마, 형이나 누나(오빠나 언니), 나, 동생이 있어요. 또 할아버지, 할머니와 함께 살기도 하지요. 이렇게 혈연으로 맺어진 사람들을 '가족'이라고 해요.

옛날에는 할아버지, 할머니를 중심으로 큰아버지, 작은아버지도 함께 살았는데, 이런 가족 형태를 '대가족'이라고 해요. 그때에는 가족들이 농사일처럼 함께하는 일을 주로 했기 때문에 한 집에 모여 살았어요.

하지만 지금은 직업이 다양해지면서 많은 가족이 모여 살지 않고 주로 아빠와 엄마, 아이들만 함께 살게 되었어요. 이러한 가족 형태를 '핵가족'이라고 해요.

간판
(看 볼 간, 板 널빤지 판)

**학교나 가게 이름을 다른 사람의
눈에 잘 띄게 걸어 놓거나 붙여 놓은 물건이에요.**

이럴 때 이렇게 써요　　　　　　　　　　　　　　　**비슷한말** 보람판
- 낡은 **간판**이 깨끗하고 멋진 **간판**으로 바뀌었습니다.
- 새로 생긴 옷 가게의 **간판**이 영어로 되어 있습니다.

학교 정문에는 학교 이름이 붙어 있어요. 길거리에 있는 가게 앞에는 가게 이름이 붙어 있지요.
이렇게 학교나 가게의 이름을 써서 다른 사람의 눈에 잘 띄게 걸어 놓거나 붙여 놓은 것을 '간판'이라고 해요.

감동
(感 느낄 감, 動 움직일 동)

무언가를 보거나 듣고 크게 느껴
마음이 움직이는 것을 말해요.

이럴 때 이렇게 써요　　　　　　　　　　　　　　　　**비슷한말** 감명, 감탄
- 늙으신 아버지를 지게에 태우고 산을 오른 아들의 이야기는 **감동**을 줍니다.
- 철수의 아름다운 피아노 연주가 많은 사람에게 **감동**을 주었습니다.

신나는 음악을 들으면 기분이 좋고, 슬픈 이야기를 들으면 마음이 슬퍼요. 음악이나 이야기를 듣거나, 연극이나 영화를 보고 기쁨이나 슬픔을 느껴 마음이 따뜻해질 때 우리는 '감동'을 받았다고 말해요.
엄마를 잃은 아이가 씩씩하게 살아가는 모습을 보면 우리는 감동을 받아요.
몸이 불편한 사람이 마라톤 대회에서 끝까지 달리는 것은 정말 감동적이지요.

불편한 다리로
포기하지 않고 뛰다니……

강당
(講 익힐 강, 堂 집 당)

여러 사람이 함께 모일 수 있는 건물 안의 넓은 곳이에요.

이럴 때 이렇게 써요
- **강당**에 모여 친구들과 합창 연습을 했습니다.
- 오늘은 비가 와서 체육을 **강당**에서 했습니다.

학교 강당에서는 여러 사람이 함께 수업을 하거나 체육 활동을 해요. 또 입학식이나 졸업식 같은 행사도 하지요. 이처럼 강당은 많은 사람들이 활동이나 행사를 함께할 수 있도록 만들어 놓은 넓은 곳이에요.

거인
(巨 클 거, 人 사람 인)

몸이 아주 큰 사람이에요.

이럴 때 이렇게 써요
- 철호 삼촌은 키가 2미터 넘는 **거인**입니다.
- 소인국 사람들에게 걸리버는 **거인**처럼 보였습니다.

비슷한말 대인
반대말 소인

보통 사람들과 달리 몸이 아주 큰 사람을 '거인'이라고 해요. 농구선수나 씨름선수 중에는 키가 200센티미터가 넘는 사람도 있지요. 우리나라 남자의 평균 키가 약 174센티미터라고 하니 이렇게 키가 큰 선수들은 거인이라 할 수 있겠지요?

게시판
(揭 들 게, 示 보일 시, 板 널빤지 판)

**어떤 내용을 알리기 위해 여러 사람들이 볼 수 있도록
내걸어 놓은 판이에요.**

이럴 때 이렇게 써요
- 학교 정문 앞 **게시판**에는 다양한 정보가 있습니다.
- 학급 **게시판**에는 현장 체험 학습에 관한 안내문이 붙었습니다.

비슷한말 안내판, 알림판

교실 뒤쪽에 있는 게시판에는 학급에서 하는 행사나 학교의 새로운 소식을 붙여 놓았어요. 이처럼 여러 사람에게 특별히 알려 주어야 할 내용이 있을 때 쓰는 것이 게시판이에요.

겨레

조상들이 가꾼 땅에 대를 이어 오랫동안
모여 사는 사람들의 무리를 말해요.

이럴 때 이렇게 써요　　　　　　　　　　　　　　　　**비슷한말** 민족, 국민, 동포
- 우리나라는 단군의 피를 이어받은 **겨레**입니다.
- 우리말을 아끼고 사랑하는 일이 **겨레**를 사랑하는 일입니다.

우리나라 사람들은 이 땅에 얼마나 오랫동안 함께 모여 살았을까요?
놀라지 마세요. 자그마치 사천삼백 년이 넘었지요.
여러분도, 부모님도, 할아버지도 이 땅에 살았고, 할아버지의 할아버지도 이 땅에 살았어요.
이렇게 한곳에 오랫동안 모여 살아온 사람들을 '겨레'라고 해요.

결승
(決 터질 결, 勝 이길 승)

운동 경기나 여러 다른 대회에서 가장 마지막 경기에 나갈 사람이나 팀을 정하는 일을 말해요.

이럴 때 이렇게 써요
- 동생이 수영대회에서 400미터 자유형 **결승**에 나갔습니다.
- 100미터 달리기 예선을 통과한 선수들이 **결승**에서 다시 겨룹니다.

비슷한말 결승전
반대말 예선

올림픽이나 아시안 게임 같은 운동 경기나 어떤 대회에서 우리나라 선수들이 결승전에 나갔다는 뉴스를 들어 본 적이 있을 거예요.
이처럼 더 남은 경기 없이 가장 마지막 경기에 나갈 사람이나 팀을 뽑는 경기를 결승이라고 하지요. 결승에서 이기면 최고의 선수로 뽑히는 것이지요.

겸손
(謙 겸손할 겸, 遜 겸손할 손)

뽐내고 싶을 만큼 잘한 일이 있어도
자랑하지 않고 나를 낮추는 마음이에요.

이럴 때 이렇게 써요
- 정남이는 이번 시험에서도 백 점을 맞았지만 언제나처럼 **겸손**합니다.
- 우리 선생님은 학생들의 말에도 **겸손**한 마음으로 귀를 기울입니다.

비슷한말 겸허, 공손
반대말 교만, 자만

공부뿐만 아니라 글짓기나 그림에 재주가 있지만 뽐내지 않고 오히려 다른 친구들이 더 잘한다고 칭찬해 주는 친구들이 있어요. 그러한 친구들을 보고 '겸손'하다고 하지요.
겸손한 사람은 자신의 자랑이나 잘한 일을 내세우지 않고, 다른 사람이 잘한 일을 찾아 칭찬해 주어요.
잘한 일을 뽐내기보다 자신을 낮추는 것이 겸손이지요.

경험
(經 지날 경, 驗 시험 험)

직접 보고, 듣고, 만지면서 실제로 겪어 보는 일을 말해요.

이럴 때 이렇게 써요
- 외국에서 공부한 **경험**이 많은 도움이 되었습니다.
- 민희는 몸이 약해 등산을 해 본 **경험**이 없습니다.

비슷한말 체험
반대말 상상

나비의 한살이를 알고 싶을 때는 책을 읽거나 사진을 보면 되지요. 하지만 직접 나비 알을 키우면서 애벌레, 번데기, 성충으로 자라는 모습을 지켜보는 '경험'을 한다면 아마 그 누구보다도 나비의 한살이를 잘 알 수 있을 거예요. 옛말에 백문불여일견(百聞 不如一見)이라는 말이 있어요. 이는 '백 번 듣는 것보다 한 번 해 보는 것이 낫다.'는 뜻으로 경험의 중요성을 나타내는 말이에요.

나비가 태어나는 걸 보다니!

고민
(꿈 쓸 고, 悶 번민할 민)

어떤 문제로 마음이 편하지 않고 괴로운 일을 말해요.

이럴 때 이렇게 써요　　　　　　　　　　　　　　　　**비슷한말** 걱정, 근심
- 철수는 달리기를 잘하지 못해서 **고민**입니다.
- 민형이는 **고민**이 있을 때 늘 부모님께 말씀을 드립니다.

영수는 음식을 많이 안 먹는데도 자꾸 살이 쪄요. 희진이는 공부를 열심히 하는데도 성적이 좋지 않아요.
이처럼 '고민'은 어떤 문제 때문에 마음이 편하지 않을 때 생기는 생각이에요.

몸무게가 또 늘었네.

이 점수를 엄마에게 어떻게 말하지.

고을

마을이나 동네의 옛말이에요.

이럴 때 이렇게 써요
- 올해는 각 **고을**마다 농사가 잘되었습니다.
- 새로 온 사또가 **고을**을 잘 다스렸습니다.

비슷한말 마을, 촌

우리가 살고 있는 동네나 마을을 옛날 우리 조상들은 '고을'이라고 불렀어요. 지금은 고을이라는 말을 흔하게 쓰지는 않아요.
우리가 쓰는 말은 시간이 흐르면서 조금씩 달라지지요. 새로운 말이 생기기도 하고, 잘 안 쓰는 말은 없어지기도 해요.

고집
(固 굳을 고, 執 잡을 집)

자신의 생각이나 의견만을 내세우는 것을 말해요.

이럴 때 이렇게 써요　　　　　　　　　　　　　　　　**비슷한말** 억지
- 철수는 **고집**을 부리다가 혼나는 일이 많습니다.
- 성우의 **고집**은 부모님도 꺾지 못합니다.

부모님께 장난감이나 인형을 사 달라고 조르다가 안 사 주면 울면서 떼를 쓰는 일이 있지요? 이럴 때 사람들은 '고집'이 세다고 말하지요.
또, 여러 명이 의견을 모아 무언가를 정해야 할 때 어느 한 친구가 자신의 생각만을 주장하고, 자기 뜻대로 하고 싶어 하면 고집을 부린다고 하지요.
이처럼 자신의 생각대로 굳게 버티는 일을 고집이라고 해요.

곤충
(昆 벌레 곤, 蟲 벌레 충)

나비와 꿀벌, 모기와 파리 같은 벌레를
통틀어 이르는 말이에요.

이럴 때 이렇게 써요
- 숲이 우거진 곳에 **곤충**들이 많습니다.
- 여름에는 모기와 파리 같은 **곤충**들이 우리를 귀찮게 합니다.

비슷한말 벌레

따뜻한 봄이 되면 나비와 꿀벌을 볼 수 있지요. 여름에 사람의 몸을 무는 모기, 음식물을 찾아다니는 파리, 가끔 집 안에 나타나서 우리를 깜짝 놀라게 하는 바퀴벌레도 모두 곤충이에요. 나비와 꿀벌처럼 꿀을 모으도록 도와주는 이로운 곤충도 있고, 모기나 바퀴벌레처럼 병균을 옮기는 해로운 곤충도 있지요. 지구에 사는 동물 가운데 곤충의 수가 가장 많답니다.

골탕

누군가에게 일부러 장난을 쳐서
손해를 끼치거나 어려움을 주는 일을 말해요.

이럴 때 이렇게 써요
- 영철이는 개구쟁이 형에게 늘 **골탕**을 먹곤 합니다.
- 친구를 **골탕** 먹이는 일은 좋지 않아요.

장난을 좋아하는 병수가 바나나를 먹고 난 뒤 일부러 껍질을 복도에 그냥 두었어요. 그래서 지나가던 영진이가 바나나 껍질에 미끄러져 넘어지고 말았지요. 병수처럼 장난을 쳐서 다른 사람을 놀려 먹는 일을 '골탕'이라고 해요.

공격
(攻 칠 공, 擊 부딪칠 격)

**전쟁에서 상대편을 이기려고 적을 치거나,
운동 경기에서 상대방을 이기려고 하는 일이에요.**

이럴 때 이렇게 써요
- 우리나라 선수들의 **공격**이 끝나고 중국 선수들이 **공격**할 차례가 되었습니다.
- 신라군이 고구려의 산성을 **공격**했습니다.

비슷한말 **공박**
반대말 **수비, 방어**

전쟁 드라마나 영화를 보면 먼저 앞으로 나아가서 적을 치는 장면을 볼 수 있어요. 이런 행동을 '공격'이라고 해요.
야구나 축구 같은 운동 경기에서 점수를 얻으려고 앞서 나서는 행동도 공격이라고 해요.

공예
(工 장인 공, 藝 재주 예)

도자기나 칠기, 십자수, 염색처럼 쓰임새와 장식이
어우러진 물건을 만드는 일을 말해요.

이럴 때 이렇게 써요
- 선진이는 어려서부터 **공예**에 뛰어난 소질이 있었습니다.
- 전통 **공예품**은 거의 다 손으로 만들었습니다.

흙을 빚어 도자기를 만드는 일이나 종이로 예쁜 물건을 만드는 일을 본 적이 있나요? 미술관에 가면 도자기 인형이나 조각 같은 예술품들을 아름답게 만들어 놓고 전시하는 걸 볼 수 있어요.
이렇게 손이나 기계로 정성을 다해 어떠한 물건을 만드는 일을 '공예'라고 해요. 이런 일을 하는 사람을 공예가라고 하고, 공예가가 만든 물건을 공예품이라고 합니다.

과정
(過 지날 과, 程 한도 정)

어떤 일이 되어 가는 것을 말해요.

이럴 때 이렇게 써요 비슷한말 순서, 단계
- 결과도 중요하지만 **과정**도 중요합니다.
- 회의 **과정**에서 의견 다툼이 있었습니다.

'결과도 중요하지만 과정이 더 중요하다.'라는 말이 있어요. 결과가 어떤 일의 끝에 나타나는 것이라면, 과정은 어떤 일을 진행해 나아가는 것을 뜻해요. 학교에서 공부하는 일은 과정이고, 그래서 내 마음이 즐거웠는지 아닌지 알아보는 일은 결과라고 할 수 있어요.

열심히 운동을 한 것은 과정이고 건강한 몸을 갖게 된 것은 결과이지요.

관람
(觀 볼 관, 覽 볼 람)

영화나 연극, 운동 경기, 전시 같은 것을
구경하는 일이에요.

이럴 때 이렇게 써요
- 우리 학교 2학년은 국립현대미술관을 **관람**했습니다.
- 공공장소에서 **관람**을 할 때는 예절을 잘 지켜 주세요.

비슷한말 구경

경기장에 가서 축구나 야구, 농구 같은 운동 경기를 보았거나 미술관에 가서 그림이나 조각품을 본 적이 있을 거예요.
'관람'은 운동 경기나 미술품 등을 구경하는 것을 말해요.
관람이라는 말이 조금 어렵게 느껴진다면, '본다'고 하거나 '구경한다'고 말하면 돼요.

광장
(廣 넓을 광, 場 마당 장)

많은 사람이 모여서 놀거나 쉴 수 있게 만들어 놓은 넓은 곳이에요.

이럴 때 이렇게 써요
- 국회의원 후보의 연설을 들으려고 수많은 사람이 서울역 **광장**에 모였습니다.
- **광장**에 모인 사람들이 너무 많아서 영철이는 엄마를 찾기가 어려웠습니다.

길을 지나다 보면 사람들이 많이 모일 수 있을 만한 곳을 볼 수 있어요. 보통 네모나 동그라미 모양의 넓은 장소이지요. 이것을 '광장'이라고 해요.
사람들은 광장에서 쉬기도 하고, 큰 행사를 열기도 해요. 어떤 때는 대통령 후보나 국회의원이 연설을 하기도 하고, 억울한 일을 당한 사람들이 함께 모여 사람들에게 알리는 장소로 이용하기도 해요.

교훈
(敎 가르칠 교, 訓 가르칠 훈)

사람이 어떻게 살아야 하는지를
깨닫게 도움을 주는 가르침이에요.

이럴 때 이렇게 써요
- 좋은 책을 읽으면 즐거움과 **교훈**을 얻습니다.
- 일제 식민지가 우리에게 준 **교훈**은 나라의 힘을 길러야 한다는 것입니다.

비슷한말 귀감

'교훈'은 가르친다는 뜻이지요. 위인전이나 옛날이야기에는 우리가 살아가면서 배워야 할 내용이 담겨 있어요. 이순신 장군의 위인전을 읽으면 나라를 사랑하는 애국심을 배울 수 있고, 《혹부리 영감》이라는 옛날이야기를 읽으면 욕심을 부리지 말아야 한다는 가르침을 얻을 수 있어요.
이처럼 어떤 사람의 삶이나 옛날 사람의 지혜에는 많은 가르침, 즉 교훈이 들어 있어요.

구별
(區 지역 구, 別 나눌 별)

무엇을 어떤 생김새나 정해 놓은 기준에 따라
갈라 놓는 일을 말해요.

이럴 때 이렇게 써요　　　　　　　　　　　**비슷한말** 구분, 분류
- 모두 머리가 길어서 뒷모습만으로는 남녀를 **구별**하기가 어렵습니다.
- 옛날에는 신분의 **구별**이 뚜렷했습니다.

마트에 가면 과일, 야채, 생선, 과자, 음료수, 아이스크림 같은 물건이 따로따로 놓여 있지요. 문방구에도 공책과 연필, 가방 같은 물건이 따로따로 놓여 있고요.

이렇게 따로 나누어 놓지 않으면 무엇이 어디에 있는지 찾기가 어려워요. 그래서 물건을 같은 종류끼리 나눠서 정리해 놓는데, 이것을 '구별'이라고 해요.

누가 여자인지 구별하기 어렵네.

국어사전
(國 나라 국, 語 말씀 어, 辭 말씀 사, 典 법 전)

우리말을 가, 나, 다, 순서대로 낱말을 늘어 놓고,
그 낱말의 뜻은 무엇인지, 소리는 어떻게 내고
어떤 때에 쓰는지를 풀어 놓은 책이에요.

이럴 때 이렇게 써요
- 잘 모르는 낱말은 **국어사전**을 찾아보면 그 뜻을 알 수 있습니다.
- 요즘 쓰는 말 가운데 **국어사전**에 없는 것도 많이 있습니다.

사람들과 이야기를 나눌 때나 책을 읽을 때, 무슨 뜻인지 잘 모르는 말이 나오면 어떻게 해야 할까요?

이럴 때는 그 말의 뜻을 잘 아는 사람한테 물어볼 수도 있지만, 그보다 더 정확하게 설명된 책을 보는 것이 좋아요.

그 책이 바로 '국어사전'입니다. 국어사전은 우리말을 연구하는 학자들이 모여 오랫동안 다듬어 만든 책이에요. 낱말의 뜻과 소리, 사용하는 때를 알려 주지요.

잘 모르는 낱말이 있으면 꼭 사전을 찾아보세요.

군더더기

필요 없는 것이 덧붙은 것을 말해요.

이럴 때 이렇게 써요
- 좋은 글을 쓸 때는 **군더더기**가 없어야 합니다.
- 영철이는 빼도 되는 **군더더기**를 붙여서 글을 씁니다.

"아침에 너무 빨리 일찍 일어난다."
이 글을 살펴보세요. 뭔가 조금 이상하지 않나요?
"아침에 너무 일찍 일어난다."고 쓰면 되는데,
일찍과 빨리가 같이 쓰이는 바람에 복잡한
말이 되었어요. 불필요하게 쓰인 것이지요.
이처럼 안 써도 되는 말을 쓰거나 없어도
되는 물건인데 자리를 차지하고 있을 때
그것을 '군더더기'라고 해요.

옷에 필요 없는 게 잔뜩 달려 있네.

궁리
(窮 다할 궁, 理 다스릴 리)

어떤 것을 마음속으로 많이
생각하고 깊이 생각하는 것을 말해요.

이럴 때 이렇게 써요　　　　　　　　　　　　　　　　**비슷한말** 생각
- **궁리** 끝에 문제를 풀 수 있는 방법을 찾았습니다.
- 기철이는 현석이와 피자를 사이좋게 나누어 먹을 방법을 **궁리**했습니다.

집에 아무도 없는데 열쇠를 집에 두고 왔다면 어떻게 해야 할까요?
숙제를 해야 하는데 교과서를 학교에 두고 왔다면 어떻게 해야 할까요?
어떤 문제를 만났을 때, 우리는 그것을 풀려고 여러 가지 방법을 생각하면서 찾으려고 하지요.
이처럼 어떤 문제를 풀려고 마음속으로 많이, 그리고 깊이 생각하는 것을 '궁리'라고 해요.

권유
(勸 권할 권, 誘 꾈 유)

다른 사람이 어떤 일이나 행동을 하기를 바라는 마음으로 말해 주거나 부추기는 것을 말해요.

이럴 때 이렇게 써요
- 선생님께서 나에게 피아노를 배워 보라고 **권유**하셨습니다.
- 엄마의 **권유**로 아빠는 담배를 끊으셨습니다.

비슷한말 권장, 장려

"내일부터 나랑 학교에 같이 갈래?"
"이 과자 한번 먹어 봐. 참 맛있어."
"네가 하면 잘할 수 있을 것 같은데, 회장 선거에 나가 봐!"
이처럼 좋은 일이 있거나 함께하고 싶은 일이 있을 때, 또는 다른 사람이 어떤 일이나 행동을 하기를 바랄 때 말해 주는 일을 '권유'라고 해요.
거꾸로, 내가 하기 싫은 일을 다른 사람에게 떠넘기는 일을 '강요'라고 해요.

이거 먹어 볼래?

궤짝

여러 가지 물건을 넣을 수 있도록
나무로 만든 네모난 물건이에요.

이럴 때 이렇게 써요
- 사과 **궤짝** 안에 숨겨 둔 금덩어리가 없어졌습니다.
- 요즘은 나무로 만든 **궤짝**을 찾아보기 어렵습니다.

비슷한말 상자

옛날에는 물건을 넣을 수 있도록 나무로 상자를 만들어 사용했는데 이를 '궤짝'이라고 불렀어요. 물건을 넣을 수 있게 만든 네모 모양의 나무 상자를 '궤'라고 하는데, 궤짝은 궤를 달리 일컫던 말이에요.
요즘은 플라스틱이나 종이로 만든 상자, 유리로 만든 병 등 여러 가지 재료로 만든 궤짝이 많이 나와요.

귀국
(歸 돌아갈 귀, 國 나라 국)

다른 나라에서 자기 나라로 되돌아오는 일을 말해요.

이럴 때 이렇게 써요
- 중국으로 출장 가셨던 영철이 아버지가 오늘 **귀국**하십니다.
- 올림픽에서 좋은 성적을 거둔 선수들이 오늘 오전에 **귀국**했습니다.

비슷한말 회국
반대말 출국

공항에 가 보면 다른 나라에 가려고 비행기를 타는 사람도 있고, 다른 나라에서 일이나 여행을 마치고 비행기를 타고 다시 우리나라로 돌아오는 사람도 있어요.

외국에서 자기 나라로 다시 돌아오는 일을 '귀국'이라고 해요. 그리고 자기 나라에서 외국으로 나가는 것은 '출국'이라고 해요.

글

어떤 생각이나 일어난 일을
글자로 적어 놓은 것을 말해요.

이럴 때 이렇게 써요

- 형미는 **글**을 잘 써서 칭찬을 받는다.
- 어려운 **글**은 사전을 찾아보며 읽으면 된다.

비슷한말 문장, 작문

'글'이란 어떤 생각이나 일어난 일을 적어 놓은 것이에요. 글을 잘 이해하려면 다음 내용을 알고 있는 것이 도움이 되지요.

글쓴이는 그 글을 쓴 사람을 말해요.
글감은 글을 쓸 때 바탕이 되는 재료예요. '소재'라고도 하지요.
글의 종류에는 일기, 독후감, 시, 동화, 위인전 같이 여러 종류가 있어요.

글을 잘 읽으려면, 먼저 줄거리가 무엇인지 찾아보아요. 줄거리를 알면 내용을 잘 이해할 수 있어요. 글을 읽고 난 다음에는 어떤 생각이 들었는지 떠올려 보아요. 그리고, 글을 읽은 느낌을 써 보세요. 글 쓰는 연습도 되고, 오래 기억되지요.

글자

말이나 소리를 적을 때 누구나 쉽게 알아볼 수 있도록 쓰기로 약속한 기호예요.

이럴 때 이렇게 써요
- 선생님이 칠판에 쓴 **글자**가 잘 보이지 않습니다.
- 공책에 **글자**를 너무 흘려 써서 알아볼 수가 없습니다.

비슷한말 글씨, 문자

세계에는 중국의 한자, 일본의 가나 문자, 아랍인들이 쓰는 아라비아 문자, 우리나라의 한글 같은 여러 가지 글자가 있어요.
우리나라는 세종 대왕이 한글을 만들기 전까지는 중국의 글자인 한자를 썼어요. 한자는 많은 글자로 이루어져 있고, 너무 어려워서 배우기가 힘들었어요.
그래서 세종 대왕이 백성을 아끼고 사랑하는 마음으로 누구나 배우기 쉬운 글자를 만들었어요. 그것이 바로 오늘날 우리가 쓰는 한글이에요.

낫이 ㄱ을 닮았네요.

기본
(基 터 기, 本 근본 본)

무엇을 할 때 가장 처음 지녀야 할 마음가짐,
또는 어떤 물건을 만들거나 지을 때 밑바탕이 되는 것을 말해요.

이럴 때 이렇게 써요　　　　　　　　　　　　　　　　**비슷한말** 기초, 바탕
- 영철이는 연습을 많이 해서 태권도의 **기본**을 익혔습니다.
- 무엇을 하든 **기본**에 충실해야 어려운 일도 잘할 수 있습니다.

나무를 보세요. 무엇이 보이나요? 줄기가 있고, 잎사귀도 있어요. 그런데 땅이 없고 뿌리가 없으면 곧 죽고 말지요. 나무한테는 땅과 뿌리가 기본이에요. 공부나 운동도 마찬가지이지요. 기본이 탄탄하지 않으면 크게 발전할 수 없어요. 기본을 배우는 것에 쉽다고 게을리하면 안 되겠지요?

기술
(技 재주 기, 術 재주 술)

어떤 것을 만들거나 할 수 있는 솜씨나 능력, 잘 다루는 방법 등을 말해요.

이럴 때 이렇게 써요　　　　　　　　　　　　**비슷한말** 재주, 솜씨
- 현석이는 몸이 불편하지만 입으로 그림을 그릴 수 있는 **기술**이 있습니다.
- **기술**이 좋아야 머리를 예쁘게 자를 수 있습니다.

어떤 물건을 잘 다루거나 하면 흔히 사람들이 '기술이 좋다.'고 하지요. 기술을 가진 사람들을 기술자라고 부르고요. 또, 발가락으로 그림을 그리는 사람, 입으로 종이접기를 하는 사람처럼 특별한 재주를 지닌 사람들이 있어요.
이처럼 기술은 어떤 것을 만들거나 할 수 있는 솜씨나 능력, 잘 다루는 방법을 말해요.

까닭

어떤 일이나 행동이 무엇 때문에 생겼는지
밝힐 때 쓰는 말이에요.

이럴 때 이렇게 써요　　　　　　　　　　　　　**비슷한말** 이유, 원인
- 어젯밤에 옆집에서 **까닭** 모를 불이 났습니다.
- 네가 왜 싸웠는지 그 **까닭**을 말해 봐!

영철이는 오늘 희수와 싸웠어요. 희수가 영철이 자리에 쓰레기를 버렸거든요.
병수는 오늘 부모님께 칭찬을 받았어요. 숙제를 열심히 했거든요.
이처럼 어떤 일이나 행동에는 반드시 왜 그런 일이 일어났는지 밝힐 수 있는 '까닭'이 있어요.
영철이가 싸운 까닭은 희수가 쓰레기를 버려서이고, 병수가 칭찬받은 까닭은 숙제를 열심히 했기 때문이에요.

꾀

어떤 일이나 문제를 잘 풀어 보려고 하는 생각을 말해요.

이럴 때 이렇게 써요 　　　　　　　　　　　　　　**비슷한말** 지략, 술수
- 너무 **꾀**를 부리면 오히려 내가 어려움에 빠질 수도 있습니다.
- 힘으로 이기려고 하기보다는 **꾀**를 써서 이기는 방법을 생각해야 합니다.

《꾀 많은 토끼》라는 옛날이야기가 있어요. 힘없는 토끼가 무서운 호랑이와 마주쳤는데 토끼가 꾀를 내어 호랑이를 따돌리고 아무 일 없이 위기를 잘 넘긴다는 이야기예요.

이처럼 어떤 과제나 문제에 부딪쳤을 때, 그것을 풀려고 여러 가지 생각을 하는 것이 꾀이지요.

꾸러미

여러 개를 하나로 뭉쳐 놓거나 또는 그 물건들을 세는 단위를 말해요.

이럴 때 이렇게 써요
- 할아버지께서 재미있는 이야기 **꾸러미**를 풀어 놓으셨습니다.
- 아버지께서 창고를 열려고 열쇠 **꾸러미**를 들고 오셨습니다.

비슷한말 묶음

열쇠 여러 개를 바닥에 던져 놓으면 열쇠가 여럿 있는 것이지만, 그것을 모아 한 군데 담아 놓으면 한 꾸러미가 되어요.
한 꾸러미가 정확하게 몇 개라고 말하기는 어려워요.
한 곳에 모아 놓은 사탕은 개수가 서너 개여도 한 꾸러미라고 부르고, 열 개여도 한 꾸러미라고 부를 수 있지요.

꿈

**잠자는 동안에 깨어 있을 때처럼
여러 가지 사물을 보고 듣는 것을 말해요.
또, 하고 싶은 일이나, 바라는 점, 장래희망을 말하기도 하지요.**

이럴 때 이렇게 써요
- 지난 밤 **꿈**에 도깨비들이 나와서 무서웠어.
- 달리기 선수가 되는 게 내 **꿈**이야.

비슷한말 희망, 포부
반대말 현실, 생시

우리가 잠자는 동안 실제로 움직이거나 보고 듣는 것처럼 생생하게 기억나는 것이 있는데 '꿈'이라고 하지요. 기분 좋은 꿈을 꾸기도 하고, 무시무시한 꿈을 꾸기도 해요. 꿈은 다른 뜻으로도 사용되는데, 우리가 하고 싶은 일이나, 바라는 점을 말하기도 하고, 미래에 내가 되고 싶은 사람의 모습, 즉 장래희망을 말하지요.

ㄱㄴㄷ
ㄹㅁㅂㅅ
ㅇㅈㅊㅋ
ㅌㅍㅎ

낙서
(落 떨어질 낙, 書 글 서)

필요 없는 글이나 숫자, 그림을 아무렇게나 쓰는 일이에요.

이럴 때 이렇게 써요
- 영호가 광수의 수학책에 **낙서**를 해서 광수가 화를 냈습니다.
- 수진이는 학급 칠판에 **낙서**를 해서 선생님께 혼났습니다.

학교에서 수업을 하다가 공책이나 교과서에 수업 내용이 아닌 엉뚱한 글자나 그림을 그려 본 적이 있나요?
여러분이 어릴 때, 방바닥이나 벽에 알 수 없는 그림을 그려 놓아 엄마에게 혼이 난 적이 있지는 않나요?
이렇게 아무 생각 없이 무언가를 끄적거린 것을 '낙서'라고 해요.

냄새

코로 맡을 수 있는 여러 가지 낌새를 말해요.

이럴 때 이렇게 써요
- 희주의 머리에서 향긋한 **냄새**가 납니다.
- 화장실에서 안 좋은 **냄새**가 납니다.

엄마 화장품에서 좋은 냄새가 나지요. 샴푸로 머리를 감으면 좋은 냄새가 나기도 하고요.
배가 고플 때에는 맛있는 냄새를 더 잘 맡을 수 있는 것 같고요.
하지만 화장실에서 똥을 누고 나면 안 좋은 냄새가 나지요. 그럴 때는 냄새를 안 맡으려고 손으로 코를 막지요.

냉정
(冷 찰 냉, 靜 고요할 정)

마음이 흔들리지 않고 굳세게 생각하고 행동하는 일이에요.

이럴 때 이렇게 써요
- 영철이는 훈이에게 친구를 때리지 말라고 **냉정**하게 말했습니다.
- 물난리가 났지만 할머니는 **냉정**을 잃지 않고 침착하게 행동하셨습니다.

사람들은 슬픈 일이 일어나면 마음이 아파서 아무 일도 못할 때가 있어요. 너무 힘들면 나쁜 생각까지 하기도 하지요. 이런 때에도 마음이 흔들리지 않고 꿋꿋한 사람한테 '냉정한 사람'이라고 하지요.
때로는 따뜻한 마음이 없는 사람한테 "너무 냉정해." 하고 말하기도 해요.
어떤 일을 차분하게 생각하거나 중요한 결정을 내릴 때에도 "냉정하게 생각해."라고 말하기도 하지요. 차분한 마음으로 생각하고 행동하는 것을 냉정이라고 해요.

노력
(努 힘쓸 노, 力 힘 력)

무언가를 잘하려고 몸과 마음을 다해
애쓰는 것을 말해요.

이럴 때 이렇게 써요　　　　　　　　　　　　　　　　**비슷한말** 애쓰다, 힘쓰다
- 희주는 오래달리기에서 힘들어도 끝까지 달리려고 **노력**했습니다.
- 최고가 되고 싶은 사람은 그만큼 **노력**해야 합니다.

이루고자 하는 목표가 있거나 해야 하는 이유가 있을 때 우리는 그것을 위해 애를 쓰지요. 이렇게 몸과 마음을 다해 무언가를 이루기 위해 애쓰는 것을 '노력'이라고 해요.

맛있는 음식을 만드는 요리사가 되기 위해 삼촌이 열심히 연습하는 것도 노력이지요. 친구가 좋아하는 장난감을 사기 위해 매일 용돈을 아껴 모으는 것도 노력하는 것이고요.

여러분은 지금 무엇을 위해 노력하고 있나요?

느낌

어떤 일이 일어나는지 몸의 감각이나
마음으로 알 수 있는 낌새를 말해요.

이럴 때 이렇게 써요
- 희수는 어두운 공원을 혼자 걷다가 무서운 **느낌**이 들었습니다.
- 오늘 축구는 우리 편이 이길 것 같은 **느낌**이 들었습니다.

비슷한말 기분
반대말 사실

어두운 밤에 혼자 길을 걸으면 무서움을 느끼고, 힘들고 지친 하루를 보냈을 때 집에 가면 편안함을 느껴요.
친구가 울면 나도 슬픔을 느끼고, 친구가 웃으면 나도 기쁨을 느끼지요.
말은 입에서 나오지만 느낌은 내 마음 어딘가에서 나와요.
그러니까 느낌은 몸이 말하는 것이라고 할 수 있어요.

ㄱㄴㄷ
ㄹㅁㅂㅅ
ㅇㅈㅊㅋ
ㅌㅍㅎ

다의어
(多 많을 다, 意 뜻 의, 語 말씀 어)

서로 비슷하지만 조금씩 다른 뜻이
여럿 들어 있는 낱말을 말해요.

이럴 때 이렇게 써요 **반대말** 단의어
- 손은 두 가지 이상의 뜻을 지닌 **다의어**입니다.
- **다의어**인 낱말은 글의 전체 뜻에 맞게 잘 해석해야 합니다.

'머리'라고 하면 우리 몸에서 눈, 코, 입, 귀가 있는 머리를 뜻해요.
그런데 '머리를 예쁘게 잘랐다.'고 하면 무슨 뜻일까요? 머리를 자른 게 아니라 '머리카락'을 잘랐다는 뜻이지요.
엄마가 손님 밥그릇에 밥을 듬뿍 담았을 때 손님이 "손이 참 크시네요!" 하고 말했다면 무슨 뜻일까요?
이때는 '손이 아주 크다.'는 뜻이 아니라 '씀씀이가 크다.'는 뜻이지요.
이처럼 한 낱말 안에 비슷한 것 같지만 또 다른 뜻이 있는 낱말을 '다의어'라고 해요.

담그다

김치나 된장, 젓갈을 만들려고 재료를 버무려 담아두거나,
물이나 액체 속에 넣는 행동을 말해요.

이럴 때 이렇게 써요　　　　　　　　　　　　　　　　　　　**비슷한말** 담다, 넣다
- 엄마가 김치를 **담그려고** 배추를 한아름 사 오셨습니다.
- 콩으로 메주를 빚으면 된장을 **담가** 먹을 수 있습니다.

여러분이 먹는 김치나 된장, 젓갈 같은 음식은 어떻게 만들었을까요?
김치는 배추를 자르고 소금을 넣어 숨을 죽인 다음, 고춧가루와 여러 가지 재료를 넣은 양념을 넣어 만들어요. 이것을 우리는 김치를 담근다고 말해요.
된장은 메주콩을 가마솥에 넣고 찐 다음 부수고 꾹꾹 눌러 네모나게 메주를 만들어 말려요. 그런 다음 소금물에 잘 띄워 두면 된장과 간장을 모두 만들 수 있어요. 이때도 된장을 담근다고 말해요.
그릇에 무언가를 담는 '담다'와 헷갈리지 마세요. 김치는 담는 게 아니라 담그는 거예요. 또, 차가운 물에 손을 담근다고 하거나 계곡에 발을 담근다고도 하지요.

당번
(當 맡을 당, 番 차례 번)

어떤 일을 맡아서 할 차례가 된 사람을 말해요.

이럴 때 이렇게 써요
- 동원이는 이번 주 우유 급식 **당번**입니다.
- 오늘은 아빠가 회사 야근 **당번**이어서 늦게 퇴근하십니다.

비슷한말 당직
반대말 비번

교실에서는 함께해야 할 일이 있어요. 하루에 한 번씩 화분에 물을 주거나, 우유를 가져오거나, 청소를 하는 것들이 그러하지요.
이처럼 어떤 일을 친구들과 돌아가면서 하기로 정했다면, 그 일을 할 차례가 돌아온 사람을 '당번'이라고 해요.

대답
(對 대할 대, 答 대답할 답)

상대방의 물음이나 부르는 말에 대꾸하는 말이에요.

이럴 때 이렇게 써요
- 선생님이 부르시자 주연이는 "네!" 하고 크게 **대답**했습니다.
- 호철이는 묻는 말에 **대답**하지 않았습니다.

비슷한말 답변, 응답
반대말 물음, 질문

누군가가 자신의 이름을 부르면 "네!", "왜?" 하고 대답을 해요.
부모님이나 선생님께서 어떤 내용을 물으면 그 물음에 알맞게 답을 하지요.
이처럼 누군가가 부를 때나 누군가가 물을 때 대꾸하는 말을 대답이라고 해요.

대상
(對 대할 대, 象 모양 상)

어떤 일의 상대나 목표가 되는 것을 말해요.

이럴 때 이렇게 써요　　　　　　　　　　　　　　　　　　　비슷한말 **목표**
- 내가 이겨야 할 **대상**은 바로 내 자신입니다.
- 새로 전학 온 호철이는 우리 반의 호기심 **대상**입니다.

지성이는 자기보다 축구를 잘하는 영표를 따라잡으려고 열심히 축구를 해요. 이 말은 지성이는 축구를 잘하는 영표를 대상으로 해서 축구 연습을 한다는 뜻이지요.

나무를 그릴 때 직접 보고 그려야 그 모습과 느낌을 잘 표현할 수 있지요. 그림을 그리는 대상으로 나무를 골랐으면 잘 보고 그려야 한다는 뜻이에요.

대출
(貸 빌릴 대, 出 날 출)

책이나 돈 같은 어떤 물건을
빌리거나 빌려 주는 일을 말해요.

이럴 때 이렇게 써요 　　　　　　　　　　　　　　　　　　　**비슷한말** 대여
- 동대문 도서관에서 한 사람이 **대출**할 수 있는 책의 권수는 세 권입니다.
- 집을 사려고 은행에서 **대출**을 받았습니다.

우리는 학교 도서관에서 책을 빌리지요. 어른들은 은행에서 돈을 빌릴 때가 있어요. 책이나 돈 같은 어떤 물건을 다른 사람에게 빌리거나 빌려 주는 일을 '대출'이라고 해요.

대표
(代 대신할 대, 表 겉 표)

어떤 일을 할 때 여러 사람을 대신하여
나서는 사람이나 물건을 말해요.

이럴 때 이렇게 써요
- 우리 반의 달리기 **대표**로 뽑힌 친구는 석우입니다.
- 우리나라를 **대표**하는 사람은 대통령입니다.

학교를 대표하는 사람은 교장 선생님이고, 우리 반을 대표하는 사람은 회장이에요. 회사를 대표하는 사람은 사장이고, 우리 집을 대표하는 사람은 엄마나 아빠예요.
어떤 모임에서 여러 사람의 뜻을 모아 어떤 한 사람이 나서서 그 뜻을 발표한다면 그 사람은 그 모임의 대표라 할 수 있어요.

대화
(對 대할 대, 話 말 화)

둘 또는 여러 사람이 마주하여 이야기를 나누는 일이에요.

이럴 때 이렇게 써요
- 사람을 잘 알려면 많은 **대화**가 필요합니다.
- 관식이와 성식이가 **대화**를 하는데 기오가 끼어들었습니다.

비슷한말 이야기, 담화
반대말 혼잣말, 독백

학교에서는 친구들과 서로 이야기를 하고, 집에서는 부모님이나 형, 언니, 동생과 이야기를 해요.
이야기는 서로 생각이나 뜻을 주고받는 일이에요. 사람과 사람이 나누는 말을 이야기라고 하지요. 이야기를 한자어로는 '대화'라고 해요.

동기
(動 움직일 동, 機 틀 기)

어떤 일이나 행동을 하려고 마음을 먹게 한
밑바탕이나 이유, 까닭을 말해요.

이럴 때 이렇게 써요
- 철수는 몸이 허약한 것이 **동기**가 되어 축구 선수가 되었습니다.

비슷한말 까닭, 원인
반대말 결과

태호는 몸이 약해서 운동을 하기로 했어요. 태호가 운동을 하기로 한 동기는 몸이 약해서예요. 영심이는 미국 사람을 만나 이야기를 하고 싶어서 영어를 공부했어요. 영심이가 영어 공부를 하기로 마음먹은 동기는 미국 사람과 대화를 하기 위해서예요. 이렇게 무엇을 하려고 마음먹은 이유나, 원인을 동기라고 해요.

내가 위인전을
읽은 동기는
업적이 궁금해서야.

동무

친하게 지내는 사람을 말해요.

이럴 때 이렇게 써요
- 명현이는 유치원 때부터 친하게 지낸 **동무**입니다.
- **동무**들과 함께 물총 놀이를 했습니다.

비슷한말 벗, 친구

같은 동네에 살면서 친하게 지내는 친구나 학교에 함께 다니면서 친하게 지내는 친구를 '동무'라고 해요. '벗'이라고 부르기도 하지요.

동음이의어
(同 같을 동, 音 소리 음, 異 다를 이, 意 뜻 의, 語 말씀 어)

소리는 같지만 뜻이 다른 낱말을 말해요.

이럴 때 이렇게 써요
- 소리는 같지만 뜻이 다른 말을 **동음이의어**라고 해요.
- 배 안에서 맛있는 배를 먹었습니다. '배'는 **동음이의어**예요.

비슷한말 동음어
반대말 이음동의어

맛있는 과일인 '배'와 여행을 할 때 타고 다니는 '배', 몸에 있는 '배'가 있어요. 우리는 모두 '배'라고 똑같이 소리내어 읽지만 뜻은 다르지요.

우리가 입으로 내뱉는 '말'과 동물의 한 종류인 '말'도 소리는 같지만 뜻은 다르지요.

'쓰다'라는 글자도 '맛이 쓰다', '글씨를 쓰다', '우산을 쓰다', '연필을 빌려 쓰다'와 같이 소리는 같지만 다양한 뜻을 나타내지요.

이렇게 같은 소리를 가졌지만 뜻이 다른 말을 '동음이의어'라고 해요.

동작
(動 움직일 동, 作 지을 작)

몸을 움직이는 모양을 말해요.

이럴 때 이렇게 써요
- 어린 아이들은 몸 **동작**이 작습니다.
- 체조에서 마무리 **동작**은 숨고르기입니다.

비슷한말 몸짓, 움직임

손으로 물건 집기, 숟가락으로 밥을 떠 입에 넣기, 옷을 갈아입으려고 다리 올리기, 동물 흉내 내기 등은 모두 몸을 움직여 하는 모양, 즉 '동작'이지요. 이렇게 손이나 발, 입 등 우리 몸의 하나를 써서 움직이는 모양을 동작이라고 해요.

등장
(登 오를 등, 場 마당 장)

무대에 사람이 나오거나 어떤 사건이나
분야에서 새로운 제품 또는 사람이 나오는 것을 말해요.

이럴 때 이렇게 써요
- 자동차의 **등장**으로 먼 곳까지 가기가 쉬워졌습니다.
- 호랑이의 **등장**으로 이야기가 점점 더 재미있게 되었습니다.

비슷한말 출현
반대말 퇴장

연극 공연을 하려고 출연자들이 무대에 나오거나, 책 속에서 어떤 사람이나 물건이 나타나는 것을 '등장'이라고 해요.
또 새로운 발명품을 발표할 때에도 등장이라는 말을 사용하지요.

마련

갖고 싶은 것을 잘 챙기거나 갖추는 일이에요.

이럴 때 이렇게 써요　　　　　　　　　　　　　　**비슷한말** 장만, 준비
- 영수가 엄마한테 생일 선물로 드리려고 손수건을 **마련**했습니다.
- 내가 **마련**한 선물을 동생이 좋아할까?

동생 생일이어서 동생이 갖고 싶어 하던 선물을 샀어요.
또, 소풍을 갈 때 들고 갈 가방이 없어서 엄마와 함께 바느질을 해서 가방을 만들었어요.
이렇게 무엇을 위해 준비하거나 어떤 물건을 잘 챙겨 두는 것을 '마련'이라고 해요.

마술
(魔 마귀 마, 術 재주 술)

재빠른 손놀림으로 구경꾼의 눈을 속여
있을 수 없는 일을 정말처럼 보이게 하는 일이에요.

이럴 때 이렇게 써요　　　　　　　　　　　　　　　　　　**비슷한말** 마법, 요술
- **마술**사가 손수건으로 비둘기를 만드는 **마술**을 보여 주었습니다.
- **마술**을 부려서 상자 안에 있던 사람을 사라지게 했습니다.

텔레비전에서 하는 마술을 보면 어떤 사람이 '펑' 하는 소리와 함께 갑자기 사라지기도 하고, 아무것도 없던 손수건 안에서 갑자기 장미꽃이 나오기도 해요. 이처럼 사람들이 알아보지 못할 만큼 손을 빠르게 움직여서 사람의 눈을 속이는 것을 마술이라고 하고, 마술을 보이는 재주를 가진 사람을 마술사라고 하지요.

말투

말을 할 때 생기는 말의 높낮이나 버릇이에요.

이럴 때 이렇게 써요 　　　　　　　　　　　　　**비슷한말** 말버릇, 어투
- 창현이는 이야기할 때 화를 내는 듯한 **말투**여서 친구들이 싫어합니다.
- 웃어른께는 점잖은 **말투**를 써 주세요.

말을 할 때 마치 화를 내듯이 하는 사람이 있지요 또, 말을 시작할 때 "어, 어 내가 말이야." 하고 '어'라는 말을 자주 하는 사람도 볼 수 있고요.
또 서울 사람한테는 서울 말투가 있고, 충청도 사람한테는 충청도 말투가 있어요. 이처럼 말을 할 때 생기는 말의 높낮이나 버릇을 말투라고 해요.

모금
(募 모을 모, 金 쇠 금)

남을 도우려고 돈을 모으는 일을 말해요.

이럴 때 이렇게 써요
- 불우한 이웃을 돕는 **모금** 행사를 마련했습니다.
- 현석이는 불우 이웃 돕기 **모금** 행사에 그동안 모은 용돈을 기부했습니다.

우리 곁에는 홍수나 지진으로 집을 잃거나, 가족을 잃은 사람들이 있어요. 세계 여러 나라 중에는 먹을 게 없어서 굶어 죽는 아이들도 있어요. '모금'은 이런 사람들을 도우려고 여러 가지 물건이나 먹을거리, 돈 같은 것을 모으는 일이에요.
이렇게 모은 돈이나 물품을 어려운 사람들에게 주는 일을 '기부'라고 해요.

모둠

어떤 모임이나 물건을 작은 꾸러미로 묶은 것을 말해요.

이럴 때 이렇게 써요　　　　　　　　　　　　　　　비슷한말 **분단, 조**
- 우리 **모둠**은 '웃어른에게 자리 양보하기'라는 주제로 토론을 했습니다.
- 체육 시간에 **모둠** 대항으로 피구를 했습니다.

여러분이 다니는 초등학교는 우리나라에 있는 수많은 초등학교 가운데 한 모둠이에요. 또, 우리 반은 우리 학년의 여러 반 가운데 한 모둠이지요. 우리 반에는 또 여러 개의 모둠이 있고요.

모둠은 무언가를 모은다는 말에서 나왔어요. 그러니까 흩어진 것을 크거나 작게 모아두는 일을 모은다고 하고, 그렇게 모아 놓은 것을 모둠이라고 해요.

모습

사람이나 사물의 생김새가 겉으로 드러난 것을 말해요.

이럴 때 이렇게 써요
- 아기의 웃는 **모습**이 엄마를 닮았습니다.
- 현재 방은 깨끗하게 정돈된 **모습**이었습니다.

비슷한말 모양

아기가 방긋 웃으면 사람들은 "웃는 모습이 참 예쁘다."고 해요. 아기가 떼를 쓰며 울 때는 "우는 모습도 참 예쁘네." 하고 말하지요. 그러니까 모습은 우리 눈으로 보이는 것의 생김새를 뜻해요. 친구의 생김새가 예쁠 때 '친구의 모습이 예쁘다.'고 말할 수 있지요.

목수
(木 나무 목, 手 손 수)

나무로 집이나 가구 같은 여러 가지 물건을 만드는 일을 하는 사람이에요.

이럴 때 이렇게 써요　　　　　　　　　　　　　**비슷한말 목공**
- 성민이의 할아버지는 옛날에 궁궐을 짓던 **목수**였습니다.
- 솜씨가 좋은 **목수**가 장식장을 멋지게 만들었습니다.

집에 나무로 만든 물건이 무엇이 있나 살펴보세요. 책상도 있고, 책꽂이도 있고, 침대도 있어요.
우리 궁궐이나 기와집도 나무를 자르고 깎고 다듬어 만들었어요.
이렇게 나무로 집이나 물건을 만드는 사람을 '목수'라고 해요.

문장
(文 글월 문, 章 글 장)

생각이나 마음을 드러내려고
여러 낱말을 모아 만든 글을 말해요.

이럴 때 이렇게 써요   비슷한말 글
- 낱말이 모여 문장이 되고, **문장**이 모여 문단이 됩니다.
- 책을 읽다가 좋은 **문장**이 나오면 형광펜으로 표시해 둡니다.

따로따로인 말 하나를 낱말이라고 해요. 이런 낱말들을 모은 것이 '문장'이에요.
'엄마, 음식, 만든다' 이 세 가지 낱말로 문장을 하나 만들어 볼까요?
'엄마가 음식을 만든다.'라고 만들 수 있지요.
'나, 동생, 맛있게, 음식, 먹었다'
이 낱말로는 '나는 동생과 맛있게 음식을 먹었다.'라고 문장을 만들 수 있지요.
이 두 문장을 이으면 '엄마가 음식을 만든다. 나는 동생과 음식을 맛있게 먹었다.'라는 문단이 됩니다.

문제
(問 물을 문, 題 제목 제)

답이 필요한 물음이나 잘 안 풀리는 일을 말해요.

이럴 때 이렇게 써요
- 사회 **문제**는 쉬웠지만, 국어 **문제**는 어려웠습니다.
- 아빠한테 머리 아픈 **문제**가 생겼다고 합니다.

비슷한말 물음
반대말 답, 해답

학교에서 보는 시험에 나오는 물음을 '문제'라고 해요.
하지만 이 뜻 말고도 문제라는 낱말에는 여러 가지 뜻이 있어요.
풀기 어려운 일을 만났을 때 "이 문제를 어떻게 풀지?" 하고 말하지요.
귀찮은 일이나 머리가 아픈 일이 생기면 "골치 아픈 문제가 생겼어!" 하고 말하기도 해요.

문진
(問 물을 문, 診 볼 진)

의사가 아픈 사람을 낫게 하려고
어디가 어떻게 아픈지 묻는 일이에요.

이럴 때 이렇게 써요
- **문진**만으로는 정확한 병명을 알 수 없습니다.

몸이 아파 병원에 가면 의사 선생님은 먼저 어디가 아파서 왔는지 물어요. 이렇게 묻는 일을 '문진'이라고 해요.
어디가 아픈지, 언제부터 아팠는지, 식구들 가운데 같은 병을 앓은 사람이 있는지를 물어보지요. 몸을 잘 살펴봐야 의사 선생님이 아픈 사람의 병을 더욱 잘 고칠 수 있지요.

미생물
(微 작을 미, 生 날 생, 物 물건 물)

맨눈으로는 볼 수 없는 아주 작은 생물이에요.

이럴 때 이렇게 써요
- 바이러스는 **미생물**의 하나입니다.
- **미생물**을 잘 살펴보려면 현미경이 있어야 해요.

우리 몸이나 여러 가지 음식물에는 수많은 미생물이 있어요. 박테리아, 효모, 바이러스 같은 생물을 미생물이라고 해요.
미생물은 우리가 맨눈으로는 볼 수 없을 만큼 작은 생물이에요.
그래서 미생물을 보려면 작은 생물도 크게 볼 수 있는 현미경이 있어야 해요.

ㄱㄴㄷ
ㄹㅁㅂㅅ
ㅇㅈㅊㅋ
ㅌㅍㅎ

바탕

어떤 물체의 틀이나 뼈대를 이루는 것 또는 사람의 타고난 마음씨를 말해요.

이럴 때 이렇게 써요　　　　　　　　　　　　　　**비슷한말** 기반, 근본
- 수업 시간에 공부한 것을 **바탕**으로 복습하는 것이 중요합니다.
- 착한 마음이 **바탕**이 되어야 착한 행동을 할 수 있습니다.

집을 지을 때 무엇이 필요할까요?
먼저 어떻게 집을 지을지 그려 놓은 설계도가 있어야 해요. 설계도는 집을 짓는 바탕이 되지요.
또 기둥을 올리기 전에 바닥을 단단히 다져야 해요. 그래야 집이 안 흔들리고 튼튼하겠죠? 바탕이 좋아야 좋은 집을 만들 수 있는 것이지요.
또 어릴 때부터 착한 일을 해야 어른이 되어서도 착한 일을 할 수 있어요.

박물관
(博 넓을 박, 物 물건 물, 館 집 관)

잘 지켜야 할 물건이나 예술품을 모아
가꾸고 널리 알리는 곳이에요.

이럴 때 이렇게 써요
- 백제의 역사를 알아보려고 국립 부여 **박물관**을 다녀왔습니다.
- 수정이의 할아버지께서는 평생 모은 물품을 **박물관**에 기증하셨습니다.

우리나라는 첫 나라인 고조선부터 삼국 시대, 통일신라 시대, 고려 시대, 조선 시대와 대한제국을 지나 오늘날의 대한민국이 되었어요. 이러한 역사를 기리려고 세운 박물관이 곳곳에 있어요.
또 세계 여러 나라 사람들이 어떻게 사는지 알아볼 수 있는 문화 박물관도 여럿 있어요. 이처럼 박물관에 가면 옛날 사람들이 어떻게 살아왔는지 알 수 있고, 쉽게 볼 수 없는 물건들도 만날 수 있어요.

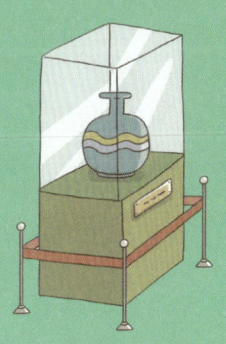
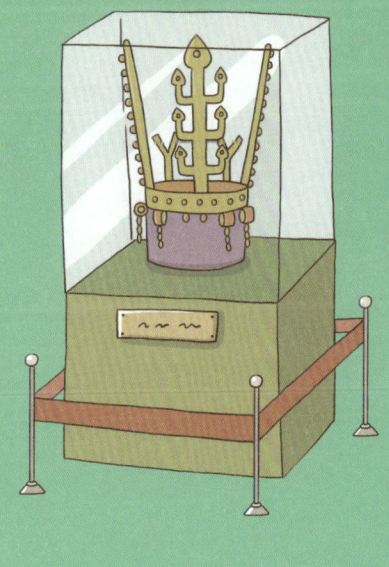

박사
(博 넓을 박, 士 선비 사)

공부를 많이 하여 똑똑한 사람을 말해요.
대학교에서 국어, 수학, 과학과 같은 학문을 깊이 공부하여
박사의 자격을 받은 사람을 가리켜요.

이럴 때 이렇게 써요
- 정호 엄마는 이번에 국어학 **박사**가 되셨습니다.
- 성우의 삼촌은 컴퓨터 **박사**입니다.

"우리 선생님은 국어학 박사야!"
"쟤는 수학이라면 모르는 게 없어. 박사야, 박사!"
두 말에서 쓰인 박사는 뜻이 조금 달라요.
처음 말은, 대학교에서 깊이 공부하여 정말 박사로 인정을 받았다는 말이에요.
그 다음 말은, 어떤 일을 많이 하거나 공부를 많이 하여 모르는 게 없는 사람을 칭찬할 때 쓰는 말이에요.

발명
(發 필 발, 明 밝을 명)

이전까지 없던 물건이나 기술을 처음으로
생각하여 만들어 내는 일을 말해요.

이럴 때 이렇게 써요　　　　　　　　　　　　　　**비슷한말** 개발, 고안
- 에디슨의 호기심이 수많은 **발명**을 이끌어 냈습니다.
- 세탁기는 사람들을 편리하게 만든 **발명**품입니다.

지금처럼 과학이 발달하지 않았던 아주 먼 옛날에는 하늘을 나는 일은 상상도 할 수 없었어요. 그런데 라이트 형제가 비행기를 발명한 다음부터는 하늘뿐 아니라 우주도 갈 수 있게 되었지요.
세탁기는 추운 겨울에 물가에서 빨래를 해야 하는 어려움을 덜어준 발명품이지요. 사람들이 만든 새집은 비를 피하지 못했던 새들을 지켜 주었어요.
여러분은 무엇을 발명하고 싶은가요?

와, 드디어 전구를 발명했다!

발음
(發 필 발, 音 소리 음)

혀와 이, 입술을 움직여 내는 소리를 말해요.

이럴 때 이렇게 써요
- 외국인이 우리나라 말을 하면 **발음**이 이상합니다.
- 저녁 뉴스에 나오는 아나운서의 **발음은** 정확합니다.

비슷한말 발성

'발음'은 우리말로 소리를 낸다는 뜻이에요. "엄마!" 하고 말을 하려면 우리는 입으로 소리를 내야 해요.
선생님이 학생들한테 한글을 가르칠 때에 ㄱ, ㄴ, ㄷ이라고 쓰고 "기역, 니은, 디귿!" 하고 발음하지요. 영어를 배울 때에는 A, B, C, D라고 쓰고 "에이, 비이, 씨이, 디이"라고 발음하고요.

방문
(訪 찾을 방, 問 물을 문)

어떤 사람이나 곳을 찾아가 만나는 일을 말해요.

이럴 때 이렇게 써요　　　　　　　　　　　　　　　　**비슷한말** 내방
- 청주에 있는 외갓집을 **방문**하여 외할머니와 외할아버지를 만났습니다.
- 선생님께서 갑작스럽게 우리 집을 **방문**하셨습니다.

명절이 되면 차례를 지내려고 할아버지 할머니 댁에 가요.
승일이는 대구에 가서 삼촌을 만나지요.
이렇게 일부러 어떤 곳을 찾아가거나 어떤 사람을 만나는 것을 '방문'이라고 해요.

번식
(繁 번질 번, 殖 불릴 식)

어떤 생물이 또 다른 생물을 만들어
그 수가 많아지는 일을 말해요.

이럴 때 이렇게 써요

- 바이러스는 지저분한 곳에서 쉽게 **번식**합니다.
- 새는 알을 낳아서 **번식**하는 동물입니다.

비슷한말 생식

맨눈으로는 볼 수 없는 미생물부터 커다란 나무까지, 우리가 사는 지구에는
수많은 생물이 있어요. 사람도 그 가운데 하나지요.
식물은 씨앗을 퍼트려 새로운 식물이 나고 자라지요.
동물들은 새끼를 낳고요.
이렇게 낳고 낳고 낳아서 새끼를 퍼트리는 일을 '번식'이라고 해요.

벼슬

옛날에 나랏일을 맡아 다스리던 자리예요.

이럴 때 이렇게 써요
비슷한말 관직, 직위
- 조선 시대에 양반이라고 해서 꼭 **벼슬**을 했던 것은 아닙니다.
- 조선 시대에 사또라는 **벼슬**은 한 고을을 다스리는 가장 높은 사람이었습니다.

오늘날과 달리 옛날에는 왕이 나라를 다스렸어요. 그런데 왕 혼자서 넓은 나라를 다스리기 힘들었기 때문에 여러 사람들이 도와 함께 나라를 다스렸지요. 이때 왕과 함께 나랏일을 맡아 다스리던 사람을 벼슬아치라고 하고, 그 자리를 벼슬자리라고 해요. 오늘날은 벼슬아치를 공무원이라고 하지요.

보답
(報 갚을 보, 答 대답 답)

다른 사람의 도움이나 은혜를 갚는 일을 말해요.

이럴 때 이렇게 써요

- 영철이는 아무런 **보답**을 바라지 않고 유진이를 도와주었습니다.
- 흥부가 다리를 다친 제비를 보살펴 주었더니 제비가 **보답**으로 박씨를 주었습니다.

비슷한말 보은, 감사

《흥부와 놀부》이야기에서 흥부가 아픈 제비를 정성껏 고쳐 주었더니 제비가 그 보답으로 박씨를 물어다 주었어요. 제비가 물어다 준 박씨 덕분에 흥부는 박 농사를 지어 걱정 없이 살게 되었지요.
제비는 자기 몸을 고쳐 준 흥부에게 은혜를 갚았지요.
이처럼 도움을 받은 이에게 은혜를 갚는 일을 '보답'이라고 해요.

보충
(補 기울 보, 充 채울 충)

모자란 것을 채우는 일을 말해요.

이럴 때 이렇게 써요
- 엄마는 가습기에 물을 **보충**했습니다.
- 윤지는 학교 수업을 **보충**하려고 학원을 다닙니다.

비슷한말 보완, 보강

우리말을 잘하고 싶은데 어려우면 어떻게 해야 할까요? 책을 많이 보고 낱말을 많이 알아두면 되지요.
수학을 잘하고 싶으면 수학 문제를 더 많이 풀어 보면 되고, 노래를 잘하고 싶으면 지금 부르는 시간보다 더 많이 연습하면 되지요.
자동차의 기름이 모자라면 주유소에서 기름을 더 넣으면 되어요.
이렇게 모자란 것을 채우는 행동을 '보충'이라고 해요.

보험
(保 지킬 보, 險 험할 험)

여러 사람이 함께 조금씩 돈을 모아 두었다가
손해가 생긴 사람한테 그 돈을 주어 손해를 막는 일이에요.

이럴 때 이렇게 써요
- 건강은 앞날을 걱정 없이 잘 살게 하는 **보험**이나 마찬가지입니다.
- 아빠는 큰 사고가 나면 큰돈이 드니까 미리미리 **보험**을 들어야 한다고 말했습니다.

교통 사고가 나서 사람이 다치거나 자동차가 망가지면 큰돈이 들어요. 그럴 때 큰돈이 없으면 집을 팔아야 할 수도 있고, 남한테 빌려야 할 수도 있어요. 평소에 미리 조금씩 돈을 내어 보험을 들어 두면, 큰 사고가 났을 때에도 걱정을 줄일 수 있어요.
미리 일어날 수 있는 사고나 어려움에 대비하여 모아두는 것이지요.

부리

새의 주둥이를 말해요.

이럴 때 이렇게 써요
- 딱따구리의 **부리**는 나무를 쪼아 벌레를 잡아먹기에 알맞습니다.
- 독수리의 오래된 **부리**를 깨트리면 새로운 부리가 나온다고 합니다.

비슷한말 입, 주둥이

무언가를 먹는 곳을 입이라고 해요. 사람과 동물들은 모두 입이 있어요. 동물들의 입은 거의 다 넓적하고 부드러워요. 하지만 새들의 입은 거의 뾰족하고 단단한 부리 모양이에요. 새는 부리로 먹을거리를 톡톡 쪼아 먹지요.

부호
(符 들어맞을 부, 號 이름 호)

어떤 뜻을 쉽게 나타내려고 정한 기호를 말해요.

이럴 때 이렇게 써요
- 수학에는 여러 가지 **부호**가 있습니다.
- 우리 반 친구들만 알 수 있는 **부호**를 만들었습니다.

비슷한말 기호, 신호

옛날에 어떤 아버지와 딸이 있었는데, 전쟁 때문에 헤어져야 했어요. 아버지는 대나무를 쪼개어 하나는 자기가 갖고 하나는 딸에게 주었어요. 그러면서 나중에 만나 이 대나무 둘을 맞춰 보면 서로 알아볼 수 있으니 걱정 말라고 했대요. 이렇게 글이나 말이 아니라 서로 알아볼 수 있게 정한 것을 '부호'라고 해요. 기호나 신호라고 말하기도 해요. 수학에서 더하기(+), 빼기(−)를 사용하는데 이것은 글자로 쓰거나 설명을 하는 것보다 더 간단하고 쉽기 때문이에요.

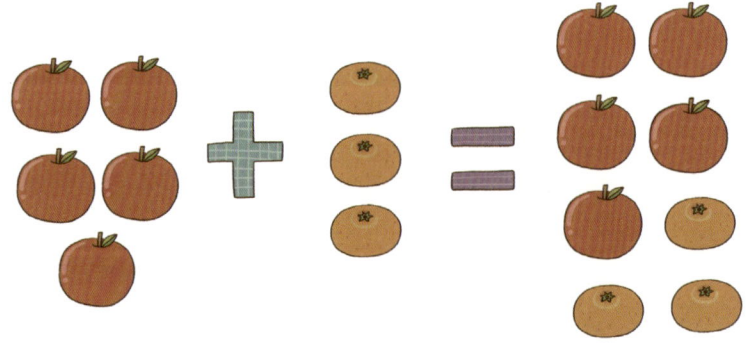

분해
(分 나눌 분, 解 풀 해)

서로 이어져 있는 여러 조각을
낱개의 조각으로 나누거나 뜯어 보는 일을 말해요.

이럴 때 이렇게 써요
- 조립식 건축물은 **분해**할 수 있습니다.
- 텔레비전이 왜 고장났는지 알아보려고 기술자가 텔레비전을 **분해**했습니다.

비슷한말 분석, 해체
반대말 결합, 연결

장난감을 뜯어 본 일이 있나요? 컴퓨터를 뜯어 그 속을 본 적도 있나요? 쉽게 말하면 그렇게 뜯어 보는 일이 바로 '분해'예요. 냉장고나 자동차 같은 큰 물건뿐 아니라 작은 장난감도 사실 여러 조각으로 나누어져 있지요. 이렇게 여러 조각을 모아 만드는 일을 조립이나 결합이라고 하고, 다시 뜯어 내는 일을 분해라고 해요.

불안
(不 아닐 불, 安 편안할 안)

어떻게 해야 할지 몰라
몸이나 마음이 흔들려 불편한 일을 말해요.

이럴 때 이렇게 써요
- 다른 사람을 속이면 마음이 **불안**합니다.
- 아픈 동생이 혼자 집에 있어서 마음이 **불안**합니다.

비슷한말 공포
반대말 편안, 안정

학교에서 돌아왔는데 집에 아무도 없거나, 동생이 늦게까지 들어오지 않는다면 마음이 어떨까요?
아마도 심장이 두근거리고, 다리 힘이 풀리고, 눈물이 펑펑 나겠지요.
이는 모두 몸이나 마음이 불편해서 생기는 일이에요.
이럴때 긴장이 되고 몸과 마음이 떨리는 것을 '불안'이라고 하지요.

불편
(不 아닐 불, 便 편할 편)

어떤 사람을 만나거나 물건을 쓸 때
편하지 않고 괴로운 일을 말해요.

이럴 때 이렇게 써요
- 나를 때린 친구와 함께 있으면 마음이 **불편**해요.
- 컴퓨터를 잘 못 쓰면 오히려 더 **불편**합니다.

비슷한말 부자유
반대말 편리

먼 거리를 여행할 때 자동차가 없어서 걸어간다면 다리도 아프고 시간도 많이 걸려요. 불편한 여행이 되지요.
전기가 없어 밤에 불을 켤 수 없다면 잘 안 보여 많이 불편하지요.
나랑 친한 친구랑 함께 놀면 마음이 편하지만, 나를 괴롭히는 친구랑 함께 있으면 마음이 불편해요.
나는 남을 편하게 하는 사람일까요,
불편하게 하는 사람일까요?

비밀
(秘 숨길 비, 密 빽빽할 밀)

다른 사람에게 알리고 싶지 않은 일이나 내용을 말해요.

이럴 때 이렇게 써요　　　　　　　　　　　　　　　　　　　　**비슷한말** 기밀
- 일기장의 자물쇠를 푸는 **비밀**을 알았습니다.
- 일호는 아버지가 돌아가신 것을 다른 친구들에게는 **비밀**로 하고 싶었습니다.

혹시 혼자만 알고 싶은 일이 있나요?
사람들은 여러 사람과 나누고 싶은 이야기도 있지만, 혼자만 간직하고 싶은 이야기도 있어요. 그게 바로 '비밀'이에요.
부모님께 혼난 일이나 밤에 이불에 오줌을 싼 일을 알리고 싶은 사람은 아마 별로 없을 거예요. 만약 남한테 말하지 않고 혼자만 알고 있는 일이 있다면 여러분은 마음속에 비밀을 하나 간직하는 것이랍니다.

ㄱㄴㄷ
ㄹㅁㅂㅅ
ㅇㅈㅊㅋ
ㅌㅍㅎ

사범
(師 스승 사, 範 본보기 범)

태권도나 유도 같은 기술을 가르치는 사람, 다른 사람에게 본보기가 될 만한 스승을 말해요.

이럴 때 이렇게 써요
- 성호가 다니는 태권도 체육관의 **사범**님은 호랑이처럼 무섭습니다.
- 웃어른께 공손한 동철이는 우리들의 **사범**이 되기에 충분합니다.

비슷한말 스승, 선생
반대말 제자

무슨 일을 잘해서 다른 사람을 가르쳐 본 적이 있나요?
친구들한테 종이 접기를 가르쳐 준다거나, 철봉을 가르쳐 주는 일처럼 말이에요. 이런 일을 꾸준히 오랫동안 하면 뛰어난 선생님이 될 수 있는데, 이러한 선생님을 '사범' 또는 '스승'이라고 해요.
태권도나 유도 같은 무술 운동을 가르치는 사람을 말할 때 주로 사범이라고 해요.

살림

사람이 살 수 있게 만드는 일,
집에서 주로 쓰는 물건을 말해요.

이럴 때 이렇게 써요
- 성환이네 식구는 **살림**이 넉넉하지 않지만 행복합니다.
- 우리 엄마는 알뜰한 **살림**꾼입니다.

비슷한말 가계, 집안일

'살림'에는 여러 가지 뜻이 있어요. 먼저 살다, 죽다 할 때 그 '살다'에서 맨 처음 나온 말이에요.
그런 다음 살게 하다는 뜻의 '살리다'라는 말이 되었고, 살게 하는 일이라는 뜻인 '살림'이 되었지요.
사는 데 필요한 물건을 살림이라고도 해요. 살림살이를 줄인 말이지요.
이처럼 살림은 사람이 살아가는 형편이나 정도를 뜻해요.

상상
(想 생각 상, 像 형상 상)

해 본 적 없는 일이나 아무도 못할 것 같은 일을
떠올리는 것을 말해요.

이럴 때 이렇게 써요
- 진호는 미국 여행이 얼마나 멋있을지 **상상**해 보았습니다.

비슷한말 공상, 구상
반대말 경험

아주 오래전 사람들은 새처럼 하늘을 날고 싶어 온갖 나는 상상을 했어요. 그 상상이 비행기를 발명하게 되었지요.

사람들은 달에 가고 싶어서 갈 수 있는 방법을 상상했어요. 그 상상으로 달을 탐사하게 되었지요.

엉뚱한 상상을 많이 해도 좋아요. 그 상상이 여러분을 놀라운 세상으로 보내 줄 테니까요!

이처럼 경험하지 않은 일을 생각하는 것을 상상한다고 해요.

상황
(狀 형상 상, 況 상황 황)

어떤 일이 어떻게 일어나서 되어 가는지
그 과정을 알 수 있는 모습을 말해요.

이럴 때 이렇게 써요　　　　　　　　　　　　　　　**비슷한말** 경우, 상태
- 비가 오는 **상황**에서는 운동장 수업이 어렵습니다.
- 부모님께서 집에 들어오시자 기철이와 동생의 **상황**이 뒤바뀌었습니다.

상황은 어려운 한자어예요. 우리말로는 그냥 어떠어떠한 때라고 말하거나 쓰면 된답니다.
"비가 오는 상황에서 뛰어놀면 다쳐요." 이 말은 "비가 올 때 뛰어놀면 다쳐요."로 고치면 훨씬 쉬워요.
"먹을 것이 부족한 상황에서는……."이라고 말하기보다 "먹을 것이 부족한 때에는……."이라고 말하면 쉽지요.
뜻을 알려고 한자어를 배우기는 해도 여러분은 되도록 알기 쉬운 우리말을 쓰는 게 좋아요.

새침데기

성격이 새침한 사람 또는 쌀쌀맞게 시치미를 떼는 사람을 말해요.

이럴 때 이렇게 써요
- 수정이는 **새침데기** 성격이어서 친해지기 어렵습니다.
- 인정이는 얼굴이 **새침데기**처럼 생겼습니다.

'새침데기'는 어떤 것을 알면서도 모르는 척, 보고도 못 본 척하는 행동이나 말을 가리키는 말인 '새침하다'의 앞말에 '데기'가 붙어서 만들어진 말이에요.
'데기'는 어떤 성격이나 일을 하는 사람인지 알려줄 때 쓰는 말이에요.

내가 새침데기라고?

생김새

겉으로 드러난 모양새를 가리켜요.

이럴 때 이렇게 써요
- 우진이가 가져온 필통의 **생김새**가 귀여운 강아지를 닮았습니다.
- 새로 전학 온 문영이의 **생김새**가 특이했습니다.

비슷한말 모양, 형태

동물원에 가서 언뜻 보면 원숭이들은 모두 똑같아 보여요. 하지만 동물원의 원숭이들도 각각 이름이 있고, 생김새도 모두 다르답니다.
생김새는 사람이나 물건이 겉으로 드러난 모양새를 말해요.

생신
(生 날 생, 身 몸 신)

어른들의 생일을 높여 부르는 말이에요.

이럴 때 이렇게 써요 **비슷한말** 생일
- 할머니 **생신**이 내일이어서 선물을 샀습니다.
- 엄마 **생신** 때 아빠가 미역국을 끓였습니다.

사람이 세상에 태어난 날을 '생일'이라고 해요. 어른들에게는 생일이라고 하지 않고 높여서 생신이라고 해요.
해마다 태어난 날을 기억하고 축하해 주지요.

생태
(生 날 생, 態 모양 태)

동식물이 살아가는 모양이나 상태를 말해요.

이럴 때 이렇게 써요
- 잦은 공사 때문에 자연의 **생태**가 파괴되었습니다.
- 오염된 강이 깨끗하게 되어서 수중 생물의 **생태**가 좋아졌습니다.

생명을 가지고 있으면서 스스로 자라고 살아가는 물체를 생물이라고 해요.
나무나 꽃과 같은 식물이나 호랑이, 개, 곤충과 같은 동물들을 한꺼번에 부를 때 생물이라고 하지요.
그리고 그러한 생물이 살아가는 모습을 '생태'라고 해요.

선발
(選 가릴 선, 拔 뽑을 발)

무슨 일을 할 때 여러 사람 가운데
그 일을 가장 잘할 수 있는 사람을 뽑는 일이에요.

이럴 때 이렇게 써요　　　　　　　　　　　　　　**비슷한말** 선택, 발탁
- 재현이를 학교 달리기 대표로 **선발**했습니다.
- 재갑이는 축구 국가 대표로 **선발**되었습니다.

학교에서 달리기 대회를 할 때에는 반에서 가장 빨리 달리는 사람을 대표로 뽑지요. 축구 경기를 할 때에는 달리기를 잘하는 친구보다는 축구를 잘하는 친구를 뽑아야 하고요. 어떤 일을 가장 잘할 수 있는 사람을 뽑는 것이 '선발'이에요.

설명
(說 말씀 설, 明 밝을 명)

어떤 내용을 쉽게 잘 알 수 있게 말하는 일이에요.

이럴 때 이렇게 써요   **비슷한말** 해석, 해설
- 네 말은 너무 어려워. 쉽게 **설명**해 봐.
- 영숙이는 선생님의 **설명**을 귀담아 들었습니다.

선생님께 모르는 수학 문제를 여쭤 보면 이해하기 쉽게 설명해 주지요. 약국에서 약을 사면 약사가 약 먹는 방법을 알려 주고요. 이렇게 어떤 일이나 내용에 대해 다른 사람이 잘 알 수 있도록 풀어서 이야기해 주는 것을 설명이라고 해요. 여러분도 누군가한테 말할 때에는 알아듣기 쉽게 차근차근 설명해 주세요.

성격
(性 성품 성, 格 격식 격)

사람마다 태어날 때부터 지녔거나,
자라면서 생긴 마음씨를 말해요.

이럴 때 이렇게 써요　　　　　　　　　　　　　　　**비슷한말** 마음씨, 성품
- 진이는 **성격**이 좋아서 친구가 많습니다.
- 지석이는 어려움에 빠진 친구는 반드시 도와주어야 하는 **성격**입니다.

어떤 친구는 무엇을 하더라도 잘 웃어 주지만, 어떤 친구는 무엇을 하더라도 화를 잘 내지요. 수학 문제의 답을 알고 있어도 손을 잘 안 드는 친구가 있고, 반대로 번쩍번쩍 잘 드는 친구가 있고요.
사람마다 마음속에 가지고 있는 씨앗이 모두 다르기 때문이에요.
마음속 씨앗을 마음씨라고 해요. 됨됨이라고도 하지요.
한자어로는 '성격'이라고 하지요.

성분
(成 이룰 성, 分 나눌 분)

어떤 것을 이루고 있는 여러 가지 조각 가운데 하나로,
이것들이 모여서 완전한 것이 되지요.

이럴 때 이렇게 써요 **비슷한말** 요소
- 우유에는 칼슘, 인, 철분, 단백질 같은 여러 가지 **성분**이 있습니다.
- 외국에서 들여온 농산물에서 농약 **성분**이 나왔습니다.

'성분'은 우리 눈으로는 볼 수 없어요.
멸치를 보세요. 몸은 보이지만 그 몸을 있게 한 성분은 안 보여요. 몸을 벗겨 내면 뼈는 보이지만 뼈 속에 있는 칼슘 성분은 볼 수 없어요.
우리 몸의 빨간 피는 그냥 빨간 물처럼 보이지만, 쪼개 보면 우리가 알 수 없는 여러 가지 물질이 들었어요.
이렇듯 하나를 이루기 위해 수많은 물질이 필요한데 그 하나하나를 성분이라고 부르지요.

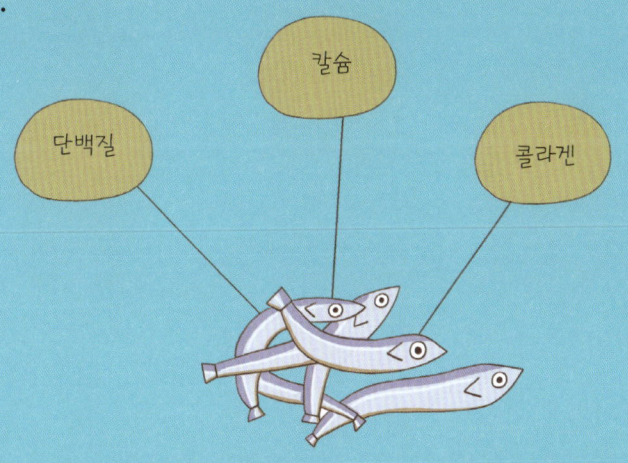

소개
(紹 이을 소, 介 낄 개)

어떤 모르는 물건이나 사람들을
잘 알 수 있게 알려 주는 일이에요.

이럴 때 이렇게 써요
- 선생님께서 새로 전학 온 친구를 **소개**해 주었습니다.
- 외국에서 온 친구에게 우리나라 문화재를 **소개**했습니다.

비슷한말 추천, 안내

다른 사람이 잘 모르는 어떤 것을 여러분이 알려 주는 일을 '소개'라고 해요. 새 학년이 되었을 때 친구들에게 '자기소개'를 하지요. 처음 만났으니 나에 대해 알려 주는 거예요.
'우리 집을 소개합니다!', '우리 강아지를 소개합니다!', '제가 가장 좋아하는 음식을 소개합니다!'처럼 우리는 알고 있는 것을 다른 사람에게 소개할 수 있어요. 이제 여러분은 무엇을 소개하고 싶은지 말해 볼 수 있겠지요?

속담
(俗 풍속 속, 談 말씀 담)

옛날부터 전해 내려와 사람들에게
가르침이 되는 말이나 이야기를 말해요.

이럴 때 이렇게 써요
- 예로부터 전해 내려온 **속담**은 우리에게 좋은 가르침이 됩니다.
- **속담** 겨루기에서 내가 이겼습니다.

비슷한말 격언

'세 살 버릇 여든까지 간다.'는 말이 있어요.
이 말에는 어릴 때부터 좋은 버릇을 들여야 한다는 뜻이 담겨 있지요.
옛부터 내려오는 뜻이 담긴 말을 '속담'이라고 해요.

발 없는 말이 천 리 간다.
아니 땐 굴뚝에 연기 날까?
보기에 좋은 떡이 먹기에도 좋다.
누워서 떡 먹기!

이런 말들을 모두 속담이라고 해요.
무슨 뜻인지 친구들과 함께 찾아볼까요?

습관
(習 익힐 습, 慣 익숙할 관)

어떤 일을 오랫동안 되풀이하다 보니
마치 저절로 하는 것 같은 행동을 말해요.

이럴 때 이렇게 써요　　　　　　　　　　　　　**비슷한말** 버릇, 습성
- 일찍 자고 일찍 일어나는 **습관**은 어린이에게 중요합니다.
- 세 살 버릇이 여든 간다는 속담은 **습관**이 얼마나 중요한지 말해 줍니다.

아침 일곱 시에 밥을 먹었더니, 이제는 아침 일곱 시만 되면 배가 고파요.
학교에서 쉬는 시간마다 노래를 불렀더니 이제는 쉬는 시간에 노래를 안 부르면 입이 근질근질해요.
이렇게 오랫동안 어떤 일을 하다 보니, 이제는 생각하지 않아도 저절로 그 일을 할 때가 있어요.
'습관'이 든다고 얘기하기도 하고, 버릇이 생겼다고도 하지요.

습기
(濕 축축할 습, 氣 기운 기)

공기 속에 물기가 많은 것을 말해요.

이럴 때 이렇게 써요
- 비가 온 뒤에는 **습기**가 많아 축축합니다.
- 아빠가 제습기로 **습기**를 말렸습니다.

비슷한말 물기

날은 더운데 우리 몸이 끈적끈적할 때가 있어요. 공기 속에 물기가 많은 날이기 때문이지요. 비가 오면 공기 속에 물기가 많아요. 그런 날을 '습기'가 많다고 하거나 습하다고 하지요.

햇빛이 많고 바람이 부는 날은 공기 속에 있는 물기가 말라서 축축한 느낌이 안 들어요. 그런 날을 건조하다고 해요.

시
(詩 시 시)

개인의 감정이나 생각 등을
짧은 문장으로 리듬이 있게 적은 글을 말해요.

이럴 때 이렇게 써요 **비슷한말** 운문, 노래
- 현진이는 국어 시간에 **시**를 낭송했습니다.
- **시**는 꼭 시인만 쓰는 것은 아닙니다. 여러분도 쓸 수 있습니다.

아래 시는 이창희라는 어린이가 쓴 글이에요. 마치 노래를 부르는 느낌이 들지요?
이렇게 자기가 느끼는 감정이나 생각을 노래처럼 반복되게 적은 짧은 글을 '시'라고 하지요. 어린이가 짓거나, 독자인 시를 '동시'라고 해요.

꽃은 참 예쁘다.
풀꽃도 예쁘다.
이꽃 저꽃
저꽃 이꽃
예쁘지 않은 꽃은 없다.

시간
(時 때 시, 間 사이 간)

시각과 시각 사이 또는
어떤 것을 하기로 정해진 동안을 뜻해요.

이럴 때 이렇게 써요
- 차가 너무 막혀서 할머니 댁까지 가는 데 여덟 **시간**이 걸렸습니다.
- 수학 숙제를 하는 데 **시간**이 많이 걸렸습니다.

오후 1시에 출발해서 오후 3시에 할머니 댁에 도착했으면, 할머니 댁까지 가는 데 두 시간이 걸렸다고 하지요. 이처럼 '시간'은 시각과 시각의 사이를 말해요. 3시와 5시는 2시간이 차이 나지요. 어떤 것을 하기로 정해진 동안도 시간이라고 해요.
수업을 하는 동안은 수업 시간이라고 해요. 운동 시간이나 회의 시간처럼 어떤 일 뒤에 붙여 그 일을 하는 동안으로 말할 수 있어요.

신고
(申 거듭 신, 告 고할 고)

**어떤 일에 대한 사실을
말이나 글로 알리는 것을 말해요.**

이럴 때 이렇게 써요　　　　　　　　　　　　　　　비슷한말 보고
- 영철이네 집에 도둑이 들어서 경찰에 **신고**했습니다.
- 우리 집에 불이 났어요! 얼른 119에 **신고**해 주세요!

집에 도둑이 들거나 수상한 사람을 발견하면 경찰서에 전화를 해요.
불이 나면 119에 전화를 걸고요.
길을 가다가 동생을 잃어버리면 경찰서에 찾아가 동생을 찾아 달라고 말해요.
이런 일을 모두 '신고' 한다고 해요. 어떤 일에 대한 사실을 알리는 것이지요.
여러분은 큰일을 당하면 겁 먹지 않고 씩씩
하게 경찰서에 신고할 수 있나요?

신청
(申 거듭 신, 請 청할 청)

기관이나 단체 등에 어떤 일을 들어달라고
말하거나 글로 요구하는 거예요.

이럴 때 이렇게 써요　　　　　　　　　　　　　　　　**비슷한말** 요청, 청구
- 철수는 외국 여행을 가려고 여권을 **신청**했습니다.
- 아빠가 우리 식구와 함께 여행을 가려고 회사에 휴가를 **신청**했습니다.

교통사고가 났을 때 보험 회사에 자동차 수리비를 달라고 하거나, 견학을 가기 위해 방송국에 전화를 하는 것 모두 신청하는 것이지요.
글짓기 대회에 나갈 사람은 손을 들어 보라는 선생님 말씀에 손을 드는 것도 신청하는 일이에요.

실감
(實 열매 실, 感 느낄 감)

직접 체험하는 듯한 느낌을 말해요.

이럴 때 이렇게 써요
- 죽었다는 할아버지가 내 앞에 나타났어요. 정말 꿈인지 생시인지 **실감**이 안 납니다.
- 동생이 아픈 연기를 하면 정말 아픈 것처럼 **실감** 납니다.

극장에서 3D(삼차원 영상) 영화를 보면 실제로 영화 속에서 사람이 튀어 나오는 것 같은 느낌이 들어요. 이럴 때 우리는 '실감'이 난다고 해요. 생각하지도 않던 지진이 내 눈앞에서 일어나면 정말인지 아닌지 믿을 수가 없어요. 이럴 때 우리는 실감이 나지 않는다고 말해요.

심술
(心 마음 심, 術 재주 술)

말이나 행동이 옳지 않은 상태인데 괜히
고집을 부리는 마음이에요.

이럴 때 이렇게 써요　　　　　　　　　　　　　　**비슷한말** 성질, 심통
- 괜히 **심술**이 나서 저녁도 먹지 않고 동생만 괴롭혔습니다.
- 선희의 동생은 **심술**을 부려서 같이 놀기 싫습니다.

엄마가 동생 옷만 사 오자 몸에 맞지도 않는 동생 옷을 자기가 입겠다고 고집을 피울 때 심술을 부린다고 합니다. 또, 친구가 미술 시간에 그림을 멋지게 그리니까 친구가 그린 그림을 찢어 버리고 싶은 마음이 들기도 합니다.
이처럼 어떤 때나 뜻에 맞지 않게 괜히 남을 골리기 좋아하거나 남이 잘못되기를 바라는 마음을 심술이라고 하지요.

쓰임

돈이나 물건을 어떤 것을 하는 데
쓰는 것을 말해요.

이럴 때 이렇게 써요　　　　　　　　　　　　**비슷한말** 쓰임새, 소용
- 아무리 하찮은 물건도 **쓰임**이 있습니다.
- 똑같아 보여도 모두 **쓰임**새가 다른 것들입니다.

빗자루는 청소를 할 때 쓰는 물건이고, 지우개는 틀린 내용을 지울 때 쓰는 물건이에요.
'쓰임'이란, 돈이나 물건을 쓰는 곳이나 용도를 말해요.

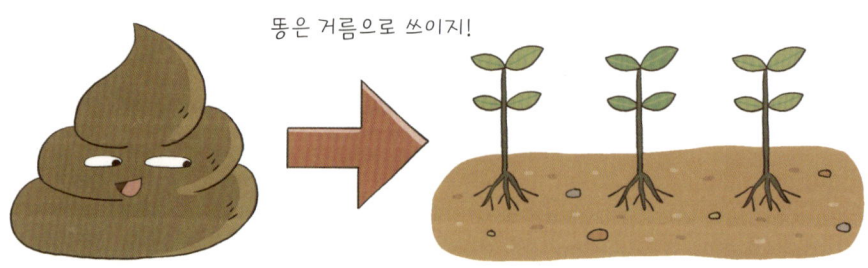

똥은 거름으로 쓰이지!

ㄱㄴㄷ
ㄹㅁㅂㅅ
ㅇㅈㅊㅋ
ㅌㅍㅎ

아우

한 집안 식구인 남동생을 부를 때 쓰는 말이에요.

이럴 때 이렇게 써요
- **아우**인 제가 형님께 맛있는 걸 드려야지요.
- 오늘은 웬일인지 **아우**가 돌아오지 않았습니다.

비슷한말 동생
반대말 형, 언니

오늘날에는 집안에 동생을 부를 때 남동생 또는 여동생이라고 하지요? 옛날에는 남동생을 '아우'라고 하고, 여동생을 누이라고 했어요. 그러면 동생은 나이 많은 남자 형제를 뭐라고 불렀을까요? 아우는 자기보다 나이 많은 형제를 형이라 부르고, 누이는 자기보다 나이 많은 형제를 오라버니라고 불렀지요.

안내
(案 책상 안, 內 안 내)

어떤 내용을 알려 주는 일이에요.

이럴 때 이렇게 써요
- 지영이는 길을 묻는 할머니께 길을 **안내**해 드렸습니다.
- 공항에서 비행기 탑승 시간 **안내** 방송이 나왔습니다.

비슷한말 소개, 길잡이

다른 나라 사람이 우리나라에 놀러 왔을 때 길을 물으면, 지도를 보며 길을 가르쳐 주지요. 맛있는 밥집을 소개하기도 하고요. 이렇듯 '안내'는 무언가를 잘 아는 사람이 모르는 사람한테 알려 주는 일이에요. 길을 알려 주거나 어떤 장소에서 무엇을 하고 있는지 알려 주는 행동을 모두 안내라고 하지요.

제가 안내해 드릴게요.

고맙소.

안전사고
(安 편안할 안, 全 온전할 전, 事 일 사, 故 연고 고)

학교나 공사장 같은 곳에서
조심하지 않아서 일어나는 사고예요.

이럴 때 이렇게 써요
- 조심성 있는 행동이 **안전사고**를 막을 수 있습니다.
- 놀이 기구를 탈 때에는 **안전사고**가 나지 않게 조심해야 합니다.

학교 계단에서 데굴데굴 굴러서 다리가 부러졌어요. 알고 보니 친구와 장난을 치다가 앞을 보지 못했대요.
아파트를 짓는데 갑자기 건물이 무너졌어요. 공사에 필요한 재료를 바르게 사용하지 않았기 때문이래요.
이렇게 조심하지 않아서 생기는 사고를 '안전사고'라고 해요.

야단
(惹 이끌 야, 端 끝 단)

잘못한 일을 했을 때 꾸짖는 일이에요.
매우 시끄럽게 떠들거나 어지럽게 일을 벌이는 짓이에요.

이럴 때 이렇게 써요
- 관식이는 동생을 때려 부모님께 **야단**맞았습니다.
- 외국에 사시는 큰아버지께서 10년 만에 우리 집에 오신다고 해서 온 식구가 **야단**입니다.

비슷한말 꾸중, 난리

엄마가 동생을 잘 돌보라고 했는데 오히려 괴롭히거나 때리면 부모님께 꾸중을 들어요. 이처럼 잘못한 일에 대해 꾸짖는 것을 '야단'이라고 해요.
또 다른 뜻으로는, 매우 떠들썩하게 일을 벌이는 것을 말하기도 해요.
야단법석이라는 말을 들어 보았나요?
처음에는 불교에서 여러 사람에게 설법을 듣게 하려고 밖에 자리를 마련하는 일을 뜻했지요. 사람들이 많이 모이다 보니 시끌시끌하고 정신이 없었겠지요? 그래서 어지럽게 일을 벌이는 일을 말할 때 야단법석을 떤다고 하지요.

약도
(略 줄일 약, 圖 그림 도)

다른 사람이 잘 알아볼 수 있게 중요한 곳만
간단하게 그린 지도예요.

이럴 때 이렇게 써요
- 문희는 **약도**를 보며 극장을 찾아갔습니다.
- 불국사 가는 길을 **약도**로 그려 주었습니다.

길을 가다가 갑자기 잘 모르는 곳이 나오면 어쩔 줄 몰라 할 때가 있어요. 그럴 때 지도가 있으면 참 편해요. 지도를 보면 길을 어떻게 찾아가야 하는지 쉽게 알 수 있거든요.

그런데 지도에 내가 찾아가야 할 곳 말고도 다른 건물이나 길들이 모두 그려져 있으면 조금 헷갈리기도 해요.

이때는 '약도'가 있으면 좋아요. 약도는 눈에 잘 띄는 건물이나 길만 표시해 놓아서 한눈에 잘 보이거든요.

약초
(藥 약 약, 草 풀 초)

몸이 아플 때 약으로 쓸 수 있는 식물이에요.

이럴 때 이렇게 써요
- 철수가 먹는 한약은 몸에 좋은 **약초**로 만들었습니다.
- 할아버지는 **약초**가 무엇이고 독초가 무엇인지 잘 아십니다.

비슷한말 약풀

요즘은 몸이 아프면 병원에 가서 진료를 받고 약을 지어 먹어요. 그런데 옛날에는 이런 약이 없었지요. 그래서 몸이 아프면 약초를 캐다가 집에서 달여 먹었어요.
이렇게 약과 같은 효과를 얻을 수 있는 식물을 약초라고 해요.

역할
(役 부릴 역, 割 나눌 할)

자신이 맡아 해야 할 일이나 몫을 말해요.

이럴 때 이렇게 써요 비슷한말 **몫, 구실**
- 수종이가 학교에서 맡은 **역할**은 화분에 물을 주는 것입니다.
- 이번 달에는 누나와 내가 집에서 맡은 **역할**을 바꾸기로 했습니다.

만약 내가 교실에서 책상 정리를 맡아서 하거나 창문을 닦는 일을 맡아서 하고 있다면 그것이 바로 나의 역할이지요. 어떤 곳에서 자신이 맡아서 해야 하는 일을 역할이라고 해요.

역할이라는 말보다 구실이나 몫이라는 우리말로 바꿔 쓰면 좋아요.

연속
(連 잇닿을 연, 續 이을 속)

끊었다가 다시 또 이어서 하거나,
끊지 않고 이어지는 것을 말해요.

이럴 때 이렇게 써요
- 수학 시험이 끝나고 나서 **연속**해서 영어 시험을 봤습니다.
- 현아는 **연속**해서 물을 석 잔이나 마셨습니다.

비슷한말 계속, 지속
반대말 불연속

짧은 끈을 여러 개 이어 붙이거나, 줄넘기를 계속 이어서 할 때 '연속'해서 한다고 말해요.
텔레비전에서 하는 어떤 드라마는 하루에 한 시간밖에 안 하지만, 다음 날이나 다음 주에 또 이어서 해요. 그렇게 이어서 하는 드라마를 연속극이라고 해요.
곧바로 이어서 무언가를 계속할 때에도 연속이라는 말을 사용하지요.

염료
(染 물들일 염, 料 헤아릴 료)

천에 물을 들이거나 물감이나 페인트를 만들 때 빛깔을 내게 하는 물질이에요.

이럴 때 이렇게 써요　　　　　　　　　　　　　　　**비슷한말** 도료, 물감
- 황토는 옷을 누렇게 만드는 **염료**가 됩니다.
- 요즘은 천연 **염료**의 인기가 높습니다.

옷장을 열면 빨강, 노랑, 파랑의 여러 가지 빛깔로 만든 옷을 볼 수 있어요.
이러한 빛깔은 어떻게 낼까요?
이렇게 색을 내려면 옷감에 색이 나오도록 하는 물질을 넣어야 해요.
바로 '염료'이지요.
요즘에는 물감이라는 말을 더 많이 사용해요.

염색
(染 물들일 염, 色 빛 색)

머리카락, 실, 천 같은 곳에
물감으로 빛깔 물을 들이는 일을 말해요.

이럴 때 이렇게 써요
- 경수의 할머니는 흰 머리를 검게 **염색**하셨어요.
- **염색** 공장에서 파란 옷을 가져왔습니다.

비슷한말 **색염**
반대말 **탈색**

'염색'은 어떤 빛깔로 어떤 곳에 물을 들이는 일이에요. 물을 들일 때는 물감을 써요.
종이나 천에 물을 들이거나 하얀 빛깔을 다른 빛깔로 만드는 일도 모두 물을 들이는 일이에요.
머리카락을 다른 색으로 바꿀 때에도 염색한다고 말해요.

예절
(禮 예의바를 예, 節 마디 절)

**어떤 사회에 모여 사는 사람이 몸이나 마음으로
지켜야 할 행동이나 질서를 말해요.**

이럴 때 이렇게 써요　　　　　　　　　　　　　**비슷한말** 예법, 예의
- 웃어른께 먼저 인사하면 **예절**이 바른 사람입니다.
- 음식을 맛있게 먹는 것도 만든 사람한테 하는 **예절**입니다.

예절이 바른 학생은 웃어른을 보면 인사도 잘하고, 공공장소에서 질서도 잘 지켜요. 예절은 우리가 지켜야 할 행동을 말하지요.
그런데 예절은 나라마다, 때마다, 집안마다 달라요.
우리나라에서는 웃어른을 만나면 고개를 숙여서 인사를 하지만, 미국이나 유럽의 나라들 중에는 손을 흔들거나 볼을 맞대고 뽀뽀를 하지요.

할아버지 안녕하세요?

완성
(完 완전할 완, 成 이룰 성)

어떤 것을 완전하게 만들거나 이루는 일을 말해요.

이럴 때 이렇게 써요
- 학교에서 배운 종이접기로 장미꽃을 **완성**했습니다.
- 비행기 장난감을 조립하여 **완성**했습니다.

비슷한말 완료, 성취
반대말 시작, 미완성

학교에서 만들기 과제를 하거나, 레고나 블록으로 만들고 싶은 장난감을 만들 때 우리는 끝까지 만들어서 완전한 모양을 만들지요.
과제를 다 했거나, 로봇을 다 조립했을 때 우리는 완성! 하고 소리를 치지요. 완성은 어떤 것을 완전하게 만들거나 해내는 것을 뜻하지요.

외딴

따로 떨어져 있는 것을 말해요.

이럴 때 이렇게 써요
- 명훈이네 가족은 사람이 많지 않은 **외딴**섬으로 여행을 가기로 했습니다.
- 산 속 **외딴**집에서 할머니 혼자 삽니다.

육지에서 멀리 떨어져 있는 섬을 외딴섬이라고 해요. 홀로 따로 떨어져 있는 집은 외딴집이라고 부르지요.
이처럼 외딴은 따로 떨어져 있는 것을 말해요.

요술
(妖 요사할 요, 術 재주 술)

현실 세계에서 일어날 수 없거나 사람이
할 수 없는 일을 해내는 것을 말해요.

이럴 때 이렇게 써요　　　　　　　　　　　　　　**비슷한말** 마술, 마법
- 장각은 **요술**을 부려 빗자루로 창을 만들었습니다.
- 도깨비는 **요술** 방망이로 무엇이든 만들어 냈습니다.

'요술'은 동화책이나 옛이야기에 주로 나오는 말이에요.
빗자루를 타고 하늘을 날거나, 호박으로 진짜 자동차를 만드는 것을 본 적 있나요? 이런 일은 실제로 일어나기 어려운 일이지요.
요술을 부려야만 할 수 있는 일이에요.

우주
(宇 집 우, 宙 집 주)

지구와 해, 달과 같이
여러 별들이 모인 끝 없는 하늘이에요.

이럴 때 이렇게 써요　　　　　　　　　　　　　　**비슷한말** 하늘, 천체
- **우주**에는 수없이 많은 별들이 있습니다.
- 과학 기술이 발달해서 머지않아 **우주** 여행도 가능할 것입니다.

우리가 살고 있는 지구에서는 태양과 달을 볼 수 있고, 또 어두운 밤에는 하늘에 있는 수많은 별들도 볼 수 있어요. 이 별들은 지구에서 엄청 멀리 떨어져 있지요.
'우주'는 끝이 있는지 없는지 알 수도 없는 세상이에요.
우리가 살고 있는 지구는 커다란 우주에 있는 아주 작은 별들 중 하나라고 할 수 있지요.

운전면허
(運 옮길 운, 轉 구를 전, 免 면할 면, 許 허락할 허)

자동차나 오토바이 같은 탈것을
운전하려면 꼭 있어야 할 자격을 말해요.

이럴 때 이렇게 써요
- **운전면허**도 없이 운전하다가 큰 사고를 냈습니다.
- **운전면허** 시험을 보려고 열심히 운전 연습을 했습니다.

자격이라는 말은 무언가를 할 수 있거나 될 수 있는 힘이에요. 운전을 하려면 운전을 할 수 있는 자격이 필요하지요. 자동차는 빨리 달리기 때문에 안전하게 운전하지 않으면 큰 사고가 날 수 있어요. 그래서 운전에 관한 지식들을 배우고 시험을 보지요. 이 시험에서 합격하면 '운전면허'를 갖게 되는 거예요.

원인
(原 근원 원, 因 인할 인)

어떤 사물이나 상태가 변할 때
그 일을 생기게 한 일이나 사건을 말해요.

이럴 때 이렇게 써요
- 모든 일에는 **원인**이 있습니다.
- 교통사고의 **원인**을 조사하는 일이 어려워졌습니다.

비슷한말 이유, 동기
반대말 결과

경훈이는 보희와 말다툼을 했어요. 알고 보니 경훈이가 보희를 보리라고 부르며 놀렸기 때문이지요. 이때 보리라고 놀린 것이 말다툼의 원인이에요.

산에 불이 나서 원인을 찾아보니 등산을 하던 아저씨가 담배꽁초를 바닥에 버려서 생긴 일이었어요.

원인이란 어떤 일이 일어나게 된 이유가 되는 일이나 사건을 말해요.

위험
(危 아슬아슬할 위, 險 가파를 험)

안전하지 못한 상태를 말하거나
해로운 일, 손해가 생길 수 있는 상태를 말해요.

이럴 때 이렇게 써요
- 현석이가 계단에서 **위험**한 행동을 하더니 결국 다리를 다쳤습니다.
- **위험**을 무릅쓰고 물에 빠진 아이를 구했습니다.

비슷한말 위기
반대말 안전

신호등이 빨간불일 때 길을 건너는 것은 위험한 일이지요.
건물 공사장에서 일하는 아저씨들이 안전장비를 하지 않는 것도 위험한 일이고요.
이렇듯 위험이란 다치거나 해를 끼칠 것 같은 상태를 말해요. 조금만 신경 쓰고 조심하면 위험에서 벗어날 수 있어요.

유학
(留 머무를 유, 學 배울 학)

다른 곳이나 다른 나라에 가서 공부하는 일이에요.

이럴 때 이렇게 써요
- 승일이는 광주에서 자랐지만 서울에서 **유학**했습니다.
- 어린 나이에 **유학**을 간 용범이는 한국의 친구들이 그리웠습니다.

우리나라에서 공부하다가 원하는 수업을 듣거나 필요한 것을 더 많이 배우려고 외국에 나가 공부하는 학생이 있어요.
또 자기가 태어나고 자란 곳이 아닌 다른 지역에서 하고 싶은 공부를 하기 위해 떠나기도 하지요.
자기가 나고 자란 곳이 아니라 다른 곳으로 떠나 그곳에서 배우는 일을 '유학'이라고 해요.

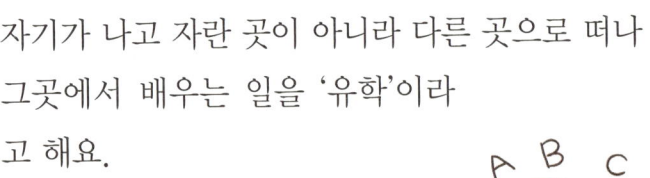

은혜
(恩 베풀 은, 惠 베풀 혜)

다른 사람에게 고맙게 베푸는 마음이나 혜택을 말해요.

이럴 때 이렇게 써요   　　　　　　　　　　　　　　　　**비슷한말** 덕, 은총
- 항상 여러분을 돌봐 주시는 부모님의 **은혜**는 끝이 없습니다.
- 스승의 날에 선생님께 '스승의 **은혜**'라는 노래를 불러 드렸습니다.

부모님은 여러분을 사랑해요. 잘 먹고 잘 크고 씩씩하게 자라길 바라는 마음으로 여러분을 돌봐 주지요.
집도 돈도 없어 어렵게 사는 사람들을 먹여 주고 재워 주며 돌봐 주는 사람도 있어요.
다른 사람에게 베푸는 고마운 마음이나 혜택을 '은혜'라고 해요. 보답을 바라는 것이 아니라 그냥 베푸는 것을 뜻하지요.

응원
(應 응할 응, 援 도울 원)

어떤 일을 할 때 잘할 수 있게
몸이나 마음으로 도와주는 일이에요.

이럴 때 이렇게 써요　　　　　　　　　　　　　　　**비슷한말** 성원, 도움
- 우리나라 축구 선수들이 잘할 수 있도록 열심히 **응원**했습니다.
- 우리 엄마가 오늘 하루 일을 잘 마칠 수 있게 마음 깊이 **응원**했습니다.

학교에서 운동회를 할 때 서로 자기 반이나 자기 팀이 잘할 수 있도록 노래를 부르거나 선수의 이름을 부르면서 응원을 하지요.
은별이가 친구들한테 스케이트를 배워서 잘 타고 싶다고 말했더니 친구들이 응원해 주겠다고 했어요.
이렇게 잘할 수 있도록 격려해 주는 것을 응원이라고 해요.

의견
(意 뜻 의, 見 볼 견)

어떤 일에 대한 생각이나
그것에 대해 말하는 일이에요.

이럴 때 이렇게 써요
- 샛별이는 자기 **의견**을 또박또박 말했습니다.
- 성식이와 규선이의 **의견**이 서로 달라 회의가 길어졌습니다.

비슷한말 생각

회의 시간에 어떤 일에 대해 자기가 생각한 것을 말하거나 다른 사람의 생각을 듣지요. 이를 '의견'이라고 해요.
학급에서 하는 회의 시간에 어떤 친구는 자리를 바꾸자는 의견을 내기도 하고, 어떤 친구는 당번을 정하자고 의견을 내기도 하지요. 다른 사람의 의견을 들으면 그 사람이 어떤 생각을 하고 있는지 알 수 있어요.

이야기

**어떤 사실이나 사물 현상에 대해
줄거리를 가지고 하는 말이나 글을 말해요.**

이럴 때 이렇게 써요　　　　　　　　　　　　　　　　　　**비슷한말** 말
- 할머니가 들려주시는 **이야기**는 항상 재미있습니다.
- 이 **이야기**는 시골 소년의 하루를 다루었습니다.

우리가 하는 말을 이야기라고 해요.
또 전래 동화나 창작 동화, 위인전도 이야기지요.
이야기를 만드는 데에는 크게 세 가지가 필요해요. 인물, 사건, 배경이지요.

인물은 이야기를 이끌어 나가는 사람을 말해요. 이야기에서는 동물, 식물, 무생물도 인물이 될 수 있어요.
사건은 이야기에 나오는 인물이 겪는 일이에요.
배경은 인물이 겪는 사건이 이루어지는 때와 장소를 말해요.

이장
(里 마을 이(리), 長 길 장)

마을을 대표해서 일을 맡아 하는 사람이에요.

이럴 때 이렇게 써요
- **이장**님이 마을 사람들에게 마을 회관을 짓자고 말했습니다.
- 큰아버지께서 이번에 우리 마을 **이장**이 되었습니다.

사장은 회사를 대표하는 사람이에요. 원장은 학원이나 유치원을 대표하는 사람을 말하지요.
이장은 마을 일을 대표해서 맡아 하는 어른을 말한답니다.
마을은 크기에 따라 리, 동, 읍 같은 한자어를 써요.

○○리 → 이장
○○동 → 동장
○○읍 → 읍장

이해
(理 다스릴 이(리), 解 풀 해)

어떠한 내용을 깨달아 알게 되는 것을 말해요.

이럴 때 이렇게 써요
- 현석이는 오늘 배운 나눗셈을 **이해**했습니다.
- 영철이는 동생이 뽀로로를 좋아하는 것을 **이해**하지 못했습니다.

비슷한말 깨달음, 양해
반대말 오해

책을 읽다가 잘 모르는 어려운 낱말이 나오면 사전을 찾아보기도 하고, 어른들께 여쭈어 보아 낱말의 뜻을 알기도 하지요. '이해'란 잘 모르는 것을 알게 되는 것이지요.
친구가 왜 집에 들어가기 싫어하는지 알 수가 없었는데, 나중에 친구한테 얘기를 들어 보니 그 마음을 이해할 수 있었어요.
이렇게 생각을 알게 되는 것도 이해라고 할 수 있어요.

인심
(人 사람 인, 心 마음 심)

사람의 마음 또는 다른 사람의
어려운 처지를 헤아려 도와주는 마음이에요.

이럴 때 이렇게 써요　　　　　　　　　　　　　　　**비슷한말** 마음씨, 인정
- 반찬 가게 아주머니는 **인심**이 좋아서 반찬을 듬뿍 주십니다.
- 친구들에게 물건을 나누어 주었더니 **인심**이 좋다고 말해 주었습니다.

'인심'이란, 사람의 마음을 말하는 것인데, 다른 사람의 처지를 알아서 도와주는 마음을 뜻해요.
'인심이 후하다.'라는 말은 자기는 손해를 보더라도 다른 사람을 도와주려는 마음이 크다는 것을 뜻하지요.

할머니, 더 넣었으니까 맛있게 드세요.

고마워요.

인형극
(人 사람 인, 形 모양 형, 劇 연극 극)

사람이 아닌 인형이 연극을 하는 공연이에요.

이럴 때 이렇게 써요
- 중국에는 탈을 쓰고 하는 **인형극**이 많습니다.
- 이번 방학에 엄마와 **인형극**을 보러 갔습니다.

연극을 보러 가면 사람들이 나와서 공연을 하지요. 사람이 아니라 인형을 무대에 세워 놓고 공연을 하는 연극을 '인형극'이라고 해요. 인형들을 조정하여 연극을 보여 주기도 하고 사람들이 인형의 탈을 쓰고 연극을 보여 주기도 하지요.

가나다
라마바사
아자차카
타파하

자랑

자기가 한 일이나 어떤 물건을 알리거나, 뽐내고 싶어 다른 사람에게 말하거나 보여 주는 일이에요.

이럴 때 이렇게 써요　　　　　　　　　　　　　　　　**비슷한말** 과시, 긍지
- 영식이는 찰흙으로 만든 우주선을 친구들에게 **자랑**했습니다.
- 영식이 엄마는 영식이가 상을 받았다고 사람들에게 **자랑**을 했습니다.

길에서 가방을 주워 경찰서에 가져갔더니 경찰 아저씨가 칭찬해 주었지요. 얼른 학교에 가서 칭찬 받은 일을 친구들에게 말하고 싶었어요. 이런 때에 '자랑'한다고 말하는 거예요.
내가 잘한 것을 다른 사람에게 뽐내고 싶은 것이 바로 자랑이지요.
엄마가 사 준 신발을 친구들한테 보여 주며 자랑하는 것도 같은 예이지요.

작문
(作 지을 작, 文 글월 문)

생각이나 느낌을 글로 쓰는 일을 말해요.

이럴 때 이렇게 써요
- 진영이는 긴 **작문**을 막힘없이 잘합니다.
- 명수의 **작문**이 학교 신문에 실렸습니다.

비슷한말 글짓기

작업은 일을 하는 것이고, 작심은 마음을 단단히 먹는 일이고, '작문'은 글을 지어 쓰는 일이에요.
일기를 쓰는 일, 책을 읽고 독후감을 쓰는 일, 학교에서 숙제로 내 주는 글짓기 같은 일이 모두 작문이지요.
요즘에는 작문이라는 어려운 한자어보다 글짓기라는 말을 더 많이 사용해요.

작별
(作 지을 작, 別 나눌 별)

인사를 나누고 헤어지는 일을 말해요.

이럴 때 이렇게 써요
- 유경이는 오늘 지방으로 이사를 가기 때문에 친구들과 **작별**했습니다.
- **작별** 인사도 없이 서둘러 외국으로 갔습니다.

비슷한말 이별
반대말 상봉, 만남

'작별'은 헤어진다는 뜻의 한자어예요.
사람들과 지내다 보면 어쩔 수 없이 헤어져야 할 때가 많아요.
친구들과 같이 학교에서 돌아오면 각자 자기 집으로 돌아가는데 이때에도 헤어진다고 말하지요.
같은 반이던 친구가 다른 학교로 전학을 가거나 친척이 외국으로 이민을 갈 때에도 헤어진다고 하고요.

잡지
(雜 섞일 잡, 誌 기록할 지)

한 가지 이름이나 주제를 가지고
일정 기간에 꾸준히 나오는 책을 말해요.

이럴 때 이렇게 써요
- 보성이네 아빠는 매달 나오는 자동차 **잡지**를 즐겨 봅니다.
- 미용실에서 기다리는 동안 '어린이 세상'이라는 **잡지**를 보았습니다.

사람들이 관심 갖는 내용들을 일정한 날마다 꾸준히 내는 책을 '잡지'라고 해요. 주제나 대상에 따라 여러 가지 잡지가 있지요.
과학을 좋아하는 사람들이 보는 과학 잡지, 수학에 관한 내용이 담긴 수학 잡지뿐만 아니라 만화 잡지, 자동차 잡지, 등산 잡지, 낚시 잡지, 장난감 잡지 같은 수많은 잡지가 있어요.

장면
(場 마당 장, 面 낯 면)

어떤 곳에서 어떤 일이 일어난 모습을 말해요.

이럴 때 이렇게 써요　　　　　　　　　　　　　　　　**비슷한말** 광경
- 경태는 오늘 자신이 골을 넣은 **장면**이 자꾸 떠올랐습니다.
- 오늘 본 영화에서는 아들과 헤어진 아버지가 다시 만나는 **장면**이 가장 감동이었습니다.

한자를 먼저 살펴볼까요?
마당 장(場), 낯 면(面). 마당에 얼굴이 있다는 말은 무엇일까요? 누군가가 나타나는 것이지요. 누군가가 나타난다는 말은 어떤 일이 생겼다는 뜻이에요.
축구 경기에서 우리나라 선수가 골을 넣는 장면을 떠올려 보세요.
음악 시간에 악기를 다루는 모습, 쉬는 시간에 떠드는 모습, 점심때 맛있게 밥을 먹는 모습 등은 어떤 일이 일어난 모습이에요.

재치
(才 재주 재, 致 이룰 치)

눈치 빠르게 때와 장소에 맞게 행동하거나
알맞게 말하는 능력을 말해요.

이럴 때 이렇게 써요　　　　　　　　　　　　　　　　**비슷한말** 기지, 슬기
- 형석이의 **재치** 있는 행동 때문에 무사히 숙제를 낼 수 있었습니다.
- 재경이는 **재치** 있는 말솜씨 덕분에 늘 인기가 많습니다.

친구가 실수로 바지에 오줌을 싸서 놀림을 받을 뻔했어요. 그때 나는 다른 아이들이 볼까 봐 얼른 친구의 몸을 내 몸으로 가려 주었지요.
준비물을 안 가져와서 선생님께 꾸중을 들을 뻔했는데, 마침 나한테 하나 더 있어서 얼른 친구한테 빌려 주었어요.
이런 행동을 보고 우리는 '재치'가 있다고 말해요. 재빨리 어떤 상황을 해결할 때에 주로 쓰지요.

전학
(轉 옮길 전, 學 배울 학)

전에 다니던 학교에서 다른 학교로
옮겨서 배우는 일을 말해요.

이럴 때 이렇게 써요
- 영우는 오늘 **전학** 와서 새로운 선생님과 친구를 만났습니다.
- 민수는 오늘 지방으로 **전학**을 갔습니다.

서울에 있는 초등학교에 다니다가 지방으로 이사를 가서 학교를 옮길 때, '전학'을 간다고 하지요. 반대로 지방에서 서울로 전학을 오는 때도 있어요.
전학을 하면 새로운 선생님과 친구들을 만나지요.
전학 온 친구는 새로운 학교가 낯설 테니 반 친구들이 쉽게 적응하도록 도와주면 좋겠지요?

서울에서 전학 온 권순우라고 해.

접수
(接 이을 접, 受 받을 수)

신청이나 신고를 말 또는 문서로 받는 일을 말해요.

이럴 때 이렇게 써요 **반대말** 발송
- 은찬이의 큰 형은 오늘 아침에 대학 입학 원서를 **접수**했습니다.
- 성은이의 **접수** 번호는 맨 마지막입니다.

병원에 가면 진료 받기 전에 간호사에게 이름과 나이, 증상을 얘기하면서 접수를 해요.
또 대학 입학 시험을 보기 전에 가려는 대학교에 가서 원서를 접수해요.
접수란, 어떤 것에 대해서 신청이나 신고를 받는 일을 말해요.

정성
(精 정할 정, 誠 정성 성)

있는 힘을 다하려는 참된 마음이에요.

이럴 때 이렇게 써요　　　　　　　　　　　　　　　**비슷한말** 성의
- 아버지와 어머니가 **정성**으로 보살핀 끝에 현정이는 깨끗하게 나았습니다.
- 부모님이 돌아가시기 전까지 **정성**을 다해 모셔야 합니다.

연필과 공책이 모자라 공부를 못하는 아이들을 위해 반 친구들이 학용품을 모아 선물을 보냈더니 정성이 담긴 선물이라고 말해 주었어요.
또, 감기에 걸려 열이 많이 올랐을 때, 엄마는 밤새 잠도 못 자고 찬 수건을 내 머리에 올려 주었어요.
이런 마음을 정성이라고 하지요. 있는 힘을 다해 남을 도우려는 참된 마음이에요.

정직
(正 바를 정, 直 곧을 직)

거짓이나 꾸밈이 없이 바른 마음을 말해요.

이럴 때 이렇게 써요
- 경철이는 거짓말을 하지 않는 **정직**한 학생입니다.
- 부모님께서 **정직**한 사람이 되라고 말씀하셨습니다.

비슷한말 솔직

어제 장난감이 갖고 싶어서 엄마 몰래 지갑에서 천 원을 빼냈어요.
이런 일은 바르지 않은 일이에요.
또 다시 엄마 몰래 돈을 꺼냈지만 마음이 불편해 사실대로 말했어요. 엄마는 잘못했지만 거짓말하지 않고 정직하게 말했다고 용서해 주었어요.
정직은 거짓없이 있는 그대로를 뜻하지요.

조리
(條 가지 조, 理 다스릴 리)

말이나 글 또는 행동의 앞뒤가
자연스럽고 어긋나지 않는 일을 말해요.

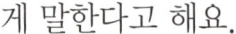

이럴 때 이렇게 써요
- 현수는 **조리** 있게 발표를 잘합니다.
- **조리** 있게 말하려면 말할 내용을 곰곰이 생각하고 시작하는 것이 좋습니다.

'조리'라는 한자의 뜻을 설명해 보면 나뭇가지를 가지런하게 다스리는 것을 말해요. 어지럽게 엉킨 가지들을 잘 다스리면 나무가 깔끔해지겠죠?
우리가 하는 말도 마찬가지예요. 다른 사람이 잘 알아듣게 말하려면, 말의 가지를 잘 다듬어야 해요.
자기가 겪은 일이나 생각 등을 앞뒤 상황에 맞게 잘 이야기하는 것을 조리 있게 말한다고 해요.

조립
(組 짤 조, 立 설 립)

여러 부분을 하나가 되도록 맞추는 일을 말해요.

이럴 때 이렇게 써요
- 희수는 장난감 로봇을 **조립**하는 데 겨우 10분밖에 안 걸렸습니다.
- 경민이의 아버지는 자동차 **조립** 공장에서 일하십니다.

비슷한말 구성

우리가 쓰는 물건들은 대부분 여러가지 부품을 맞추어 만들었어요.
전화기, 선풍기, 냉장고, 책상, 책꽂이, 가방, 볼펜, 이런 것들을 살펴보세요. 그 안에는 여러 가지 부품들이 있어요. 이것들은 떼어낼 수도 있고 끼워 넣을 수도 있어요.
이렇게 여러 부품을 끼워 넣는 일을 '조립'이라고 해요.

조사
(調 고를 조, 査 조사할 사)

어떠한 내용을 알아보려고
자세히 살펴보거나 찾아보는 일을 말해요.

이럴 때 이렇게 써요　　　　　　　　　　　　　　**비슷한말** 관찰, 탐사
- 식구들이 하는 일을 **조사**하여 학교에서 발표했습니다.
- 경찰이 범인을 잡으려 이웃집 사람들을 **조사**했습니다.

가족이 하는 일을 알아보기 위한 숙제가 있어요. 이 숙제를 하기 위해 무엇을 먼저 해야 할까요?
가족이 각각 무슨 일을 하는지 찾아보거나 살펴보아야 겠지요? 회사에도 찾아가 보고 무슨 일을 하는지 살펴보면 가족이 하는 일을 알 수 있지요. 이렇게 어떤 사실을 알기 위해 살피거나 찾아보는 것이 '조사'예요.
또, 경찰관이 범인을 잡기 위해 주변 사람에게 자세히 묻는 것도 조사라고 해요.

조상
(祖 조상 조, 上 윗 상)

한 집안이나 한 겨레의 모든 웃어른들을 말해요.

이럴 때 이렇게 써요
- 이 세상에 나를 있게 해 주신 **조상**님께 감사를 드립니다.
- 명절에는 **조상**님께 차례를 지냅니다.

비슷한말 선조
반대말 후손, 자손

우리를 낳아 주신 분은 부모님이에요. 부모님을 낳아 주신 분은 할아버지, 할머니 그리고 외할아버지, 외할머니예요. 또 할아버지, 할머니를 낳아 주신 분들은 증조할아버지와 증조할머니예요.
'조상'은, 우리를 이 세상에 있게 해 준 모든 웃어른들을 말해요.

존중
(尊 높을 존, 重 무거울 중)

높고 귀중하게 대하는 일을 말해요.

이럴 때 이렇게 써요
- 부모님은 주리 생각을 **존중**하여 연기 공부하는 것을 허락하셨습니다.
- 비록 동물이라도 하나뿐인 생명은 **존중**해야 합니다.

나이가 어리든 많든, 부자든 가난하든, 몸이 편하든 불편하든 사람은 누구나 존중 받아야 해요.
어른이라고 해서 더 훌륭하고, 어린이라고 해서 덜 훌륭한 건 아니지요.
사람이라고 해서 언제나 동물보다 뛰어난 것도 아니고요.
존중이란, 상대를 높고 귀중하게 대하는 일을 말해요.

종류
(種 씨 종, 類 무리 류)

사물을 어떤 기준에 따라 나누어 놓은 것을 말해요.

이럴 때 이렇게 써요
- 노트북은 컴퓨터 **종류** 가운데 하나입니다.
- 글의 **종류**는 여러 가지입니다.

비슷한말 가지, 유형

생물은 동물과 식물로 나뉘어요.
동물의 종류에는 포유류, 파충류, 양서류, 조류, 어류가 있어요.
식물의 종류에는 쌍떡잎식물과 외떡잎식물이 있어요.
채소에도 여러 종류가 있어요. 배추, 상추, 시금치는 잎채소이고, 가지, 토마토, 오이는 열매채소이고, 무, 당근은 뿌리채소예요.
이렇게 기준에 따라 나누어 놓은 것을 '종류'라고 말해요.

주인공
(主 주인 주, 人 사람 인, 公 벼슬 공)

영화나 연극, 이야기에서 중심이 되는 사람이에요.

이럴 때 이렇게 써요　　　　　　　　　　　　　　　　　　**비슷한말** 주연
- 학예회 때 공연할 연극에서 모두 **주인공**만 하려고 합니다.
- 어린이는 미래의 **주인공**입니다.

어떤 연극이나 동화, 소설에서 이야기를 이끌어 나가는 중요한 몫을 하는 사람이나 사물을 '주인공'이라고 해요.
그렇다고 주인공만 필요한 것은 아니예요. 다른 역할들이 저마다 할 일을 잘해야 주인공이 제 몫을 더욱 잘해 낼 수 있어요.
주인공이 중요한 역할을 하기는 하지만 모두 잘 어우러져야 좋은 연극, 영화를 만들 수 있어요.

주장
(主 주인 주, 張 베풀 장)

자신의 생각을 굳게 내세우는 일을 말해요.

이럴 때 이렇게 써요
- 명철이는 자신의 **주장**을 글로 썼습니다.
- 자신의 **주장**만 내세우기보다는 다른 사람의 의견도 존중해야 합니다.

친구들과 놀다 보면 생각이 다를 때가 있어요. 그럴 때는 어떻게 하나요? 말을 잘하거나, 우기기 좋아하는 사람이 하자는 대로 따라가나요?
'주장'은 자신의 생각을 내세우는 거예요. 그런데 다른 사람의 주장을 듣는 것도 중요하지만 내 주장을 펴는 것도 중요해요. 주장을 펼 때는 왜 그렇게 해야 하는지 잘 말해야 해요.

준비
(準 준할 준, 備 갖출 비)

어떤 할 일을 미리 마련하여 갖추는 일을 말해요.

이럴 때 이렇게 써요
- 온 식구가 함께 여행을 떠나려고 지도와 약, 반찬을 **준비**했습니다.
- 기철이는 시험 **준비**를 열심히 했습니다.

비슷한말 계획, 대비

설이 다가오면 차례 때 쓸 음식을 미리 챙겨 놓아요. 또 겨울이 되기 전에 김장을 해서 식구가 한 해 동안 맛있게 먹을 김치를 준비해 두지요. 여행을 떠나려 하는 사람은 미리 여행에 필요한 물건을 챙기고요. 이렇게 미리 마련하는 일이 준비예요.

여행 준비는 미리미리!

줄거리

어떤 이야기에서 중요하지 않은 이야기는 빼고
꼭 알아야 할 내용을 간추려 놓은 거예요.

이럴 때 이렇게 써요　　　　　　　　　　　　　　　　　**비슷한말** 요약
- 철수는 어제 본 영화의 **줄거리**를 이야기했습니다.
- 어제 본 영화와 이 책은 **줄거리**가 같습니다.

한 편의 이야기에는 많은 내용이 있어요. 이야기에서 없어서는 안 될 중요한 내용도 있고, 없어도 이야기에 큰 영향을 주지 않는 내용도 있어요.
줄거리는 이야기에서 없어서는 안 될 중요한 내용들로, 그 이야기의 흐름을 말해요.

지혜
(知 알 지, 慧 슬기로울 혜)

어떤 행동을 하면 좋을지 생각하거나,
어떤 물건을 어떻게 쓸지 생각하는 힘이에요.

이럴 때 이렇게 써요　　　　　　　　　　　　　　**비슷한말** 꾀, 슬기
- 맷돌과 같은 옛날 도구는 우리 조상들의 **지혜**를 엿볼 수 있습니다.
- **지혜**롭게 행동하려면 평소에 책을 많이 읽어야 합니다.

옛날 우리 조상들은 맷돌로 곡식을 갈았어요. 둥글넓적한 돌을 두 개 포개어 놓고 손잡이를 돌리면 곡식을 갈 수 있었지요. 돌을 맞물리면 무언가를 갈 수 있다는 생각을 했으니까 맷돌을 만들 수 있었지요.
또 농사를 지을 때 비가 오는 양을 아는 것이 중요했기 때문에 그 양을 잴 수 있도록 측우기를 발명했어요.
이렇듯 '지혜'는 어떤 문제를 해결할 때 어떻게 하는 것이 좋을지 생각하는 힘이에요.

우리 조상들의 지혜는 정말 대단해!

짐작
(斟 헤아릴 짐, 酌 술 부을 작)

어떤 사정이나 형편을 대충 생각해 보는 것을 말해요.

이럴 때 이렇게 써요 　　　　　　　　　　　　　　　**비슷한말** 추측, 어림
- 재현이가 지각한 까닭은 명수가 **짐작**한 것과 달랐습니다.
- 우리는 성우가 숙제를 안 해온 까닭이 감기 때문일 것이라고 **짐작**했습니다.

학교에 자주 지각하는 친구가 있을 때, 그 친구가 왜 지각하는지 생각해 보았나요? 늦잠을 자기 때문일 수도 있고, 학교 준비물을 아침에 챙겨서 늦을 수도 있어요.
이렇게 어떤 이유가 있을까 생각해 보는 것을 '짐작'이라고 해요.

쪽지

작은 종잇조각이에요.

이럴 때 이렇게 써요
- 종혁이가 영희에게 **쪽지**를 보냈습니다.
- 짧게 편지를 쓸 때는 **쪽지**도 괜찮습니다.

비슷한말 글쪽지

종잇조각을 '쪽지'라고 해요. 편지를 쓰는 것보다 전할 내용이 짧거나 간단하게 전할 말을 쓸 때 사용하지요.
가족끼리 전달할 이야기를 쪽지에 적어 냉장고처럼 잘 보이는 곳에 붙여 두기도 하고, 친구에게 짧은 내용을 쪽지에 적어 전해 주기도 하지요.

현재야,
냉장고 안에
간식 있어.
엄마 금방 올게.

ㄱㄴㄷ
ㄹㅁㅂㅅ
ㅇㅈㅊㅋ
ㅌㅍㅎ

차례
(次 다음 차, 例 가지런할 례)

어떤 일을 순서대로 해 나가는 일을 말해요.

이럴 때 이렇게 써요　　　　　　　　　　　　　　**비슷한말** 순서, 목록
- 현성이는 **차례**를 지켜서 놀이 기구를 탔습니다.
- 우리 모둠이 발표할 **차례**가 되었습니다.

놀이공원에서 놀이 기구를 타려면 줄을 서서 차례를 기다려야 해요.
또 점심 시간에 급식실에서는 줄을 서서 차례가 될 때까지 기다려야 하지요.
차례라는 말은 하나씩 여러 개를 가지런히 늘어놓는 일이에요.

참견
(參 끼어들 참, 見 볼 견)

자기와 별로 관계없는 일이나 말에 끼어들어
이래라저래라 하는 일을 말해요.

이럴 때 이렇게 써요
- 두리는 언니 일에 **참견**해서 언니한테 혼이 났습니다.
- 남의 말에 쓸데없이 **참견**하는 것은 좋지 않습니다.

비슷한말 상관, 관여
반대말 방관

두 친구가 여행을 가려고 계획을 세우고 있어요. 함께 가지 않는 다른 친구가 여행 계획에 대해 간섭했어요.
이렇게 허락도 없이 남의 일에 끼어드는 일을 '참견'이라고 해요.
다른 사람들의 이야기에 해야 할 말이 있다면 먼저 물어보는 것이 좋겠지요?

채점
(採 캘 채, 點 점 점)

시험의 정답을 확인해서 점수를 매기는 일을 말해요.

이럴 때 이렇게 써요   비슷한말 **평가**
- 서른 명의 시험지를 **채점**하려면 한 시간이 넘게 걸립니다.
- 단원 평가 **채점**을 컴퓨터로 했습니다.

학교에서 시험을 보면 선생님이 제대로 풀었는지, 답을 맞추었는지 확인하며 점수를 매기지요. 또, 대회에서 가장 잘한 사람을 가리기 위해 점수를 매기기도 해요. '채점'은 문제의 답이 잘 맞았는지 알아보고 점수를 매기는 일이에요.

처방
(處 곳 처, 方 방법 방)

아픈 곳을 치료하기 위해 어디가 얼마나 아픈지
살펴 약을 짓는 방법이에요.

이럴 때 이렇게 써요
- 의사 선생님의 **처방** 없이 약을 지을 수 없습니다.
- 진료 후에 **처방**전 받는 것을 깜빡했습니다.

몸이 아파 병원에 가면 의사가 우리 몸을 살펴보고 나서 어떤 약을 어떻게 먹어야 하는지 방법을 알려 줍니다. 그리고 처방전을 주지요. 이 처방전을 들고 약국에 가서 약사에게 주면, 약사는 의사가 처방한 대로 약을 지어 주어요. 병이 나을 수 있도록 필요한 치료 방법이나 약을 적은 것, 또는 그렇게 하는 행동을 처방이라고 해요.

처자
(處 곳 처, 子 아들 자)

결혼을 안 한 여자 어른을 말해요.

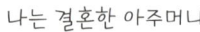

이럴 때 이렇게 써요　　　　　　　　　　　**비슷한말** 처녀, 아가씨
- 아랫집 총각은 마음씨 착한 **처자**와 결혼하고 싶어 합니다.
- 그 마을에는 예쁜 **처자**들이 많이 있습니다.

어른이 되고 서로 좋아하는 사람을 만나면 결혼을 해요.
어른이지만 결혼을 안 한 여자를 '처자'라고 하지요. 처자가 결혼을 하면 아주머니라고 부르고요.
결혼을 안 한 남자 어른은 총각이라고 해요. 총각이 결혼을 하면 아저씨라고 부르지요.

나는 결혼한 아주머니!　　　　　　　　　　　나는 결혼 안 한 처자!

처지
(處 곳 처, 地 땅 지)

어떤 사람 앞에 생긴 일이나 형편을 말해요.

이럴 때 이렇게 써요
- 영철이는 민하를 걱정할 **처지**가 아닙니다.
- 교통사고로 팔을 다쳐 팔을 잘 쓰지 못하는 영철이의 **처지**가 딱합니다.

비슷한말 신세, 사정

엄마가 급한 일이 생겨 동생을 돌보라고 하는 바람에 친구와의 약속을 어기게 되는 경우가 있어요.
또, 할머니 댁에 가야하는데 감기가 걸려서 가지 못할 때도 있지요. 이렇게 어떤 일이나 형편을 '처지'라고 해요.
다른 사람에게 설명할 때 "내 처지가 ○○라서……." 하고 말하면 되지요.

천연
(天 하늘 천, 然 그럴 연)

사람의 손길이 닿지 않은 자연 그대로의 상태를 말해요.

이럴 때 이렇게 써요
- 제주도에 있는 만장굴은 **천연** 동굴입니다.
- 장수하늘소는 **천연**기념물입니다.

비슷한말 자연
반대말 인공, 인위

'천연'이라는 말은 누가 일부러 만지거나 가꾼 것이 아니라 원래 모습 그대로 자연에서 스스로 있는 것들을 말해요.
자연 상태로 생겨 사람들의 생활에 필요한 자원을 천연자원이라고 하지요.
시간이 쌓이고 쌓여 저절로 생긴 동굴이나 산 속 깊은 곳에 사는 풀과 동물들, 바닷속에 사는 풀과 물고기들도 모두 자연 그대로 스스로 있는 것들이에요.

체감
(體 몸 체, 感 느낄 감)

어떤 것을 몸으로 직접 느끼는 일을 말해요.

이럴 때 이렇게 써요
- 말로 하는 것보다 직접 **체감**해 보는 것이 좋습니다.
- 몸으로 느끼는 **체감** 온도가 더 낮을 때가 있습니다.

몸이 불편한 장애인이 계단을 오르는 것이 얼마나 어려운지 느끼고 싶으면 직접 휠체어를 타고 계단을 오르려고 해 보세요.
날씨가 얼마나 추운지 알고 싶으면 한겨울에 밖에 나가 가만히 있어 보면 알 수 있지요. 이렇게 몸으로 직접 느껴보는 것을 '체감'이라고 해요.

체조
(體 몸 체, 操 부릴 조)

**몸이 잘 자라고 튼튼하게 하려고
몸을 움직이는 운동을 말해요.**

이럴 때 이렇게 써요
- 체육 시간에는 항상 준비 **체조**를 합니다.
- 할아버지께서는 아침마다 **체조**를 하십니다.

팔다리 운동, 목 운동, 허리 운동과 같은 운동을 통틀어 '체조'라고 해요.
우리 몸에 피가 잘 돌게 하고, 뼈와 힘줄을 튼튼하게 하려면 몸을 잘 풀어 줘야 해요. 안 그러면 쉽게 뼈가 부러지고 몸이 자주 아프지요.
체조는 우리 몸이 건강하도록 돕는 꼭 필요한 운동이에요.

체험
(體 몸 체, 驗 경험할 험)

자신의 몸을 움직여 직접 해 보는 일을 말해요.

이럴 때 이렇게 써요
- 병수는 오늘 도자기 만드는 일을 **체험**했습니다.
- 자동차 공장에서 **체험**한 내용을 일기에 썼습니다.

비슷한말 경험, 체득

친구들과 함께 고구마 밭에서 고구마를 캐 보았어요. 또, 말로만 듣던 공룡 화석을 박물관에 가서 만져 보았어요.
책에서 보고 배운 내용을 직접 그곳에 가서 보고, 듣고, 만지고, 해 보는 것을 '체험'이라고 해요.
이렇게 직접 해 보면 쉽게 이해되고 오래오래 기억할 수 있지요.

초대
(招 부를 초, 待 기다릴 대)

모임이나 잔치에 누군가를 부르는 일을 말해요.

이럴 때 이렇게 써요 **비슷한말** 초청
- 병오의 생일 잔치에 **초대**를 받았습니다.
- 발표회 때 부모님들을 **초대**합니다.

생일에 친한 친구들을 불러 맛있는 음식도 나눠 먹고, 재미있는 놀이도 하며 함께 보낸 일이 있지요?
'초대'는 이렇게 어떤 일이 있을 때 다른 사람에게 나와 같이 해 줄 것을 부탁하는 일을 말해요.

추천
(推 밀 추, 薦 올릴 천)

어떤 일을 잘할 것 같은 사람을
다른 사람들에게 말하는 것이에요.

이럴 때 이렇게 써요
- 학급 회장으로 보람이를 **추천**했습니다.
- 영철이가 **추천**해 준 책입니다.

비슷한말 소개, 천거

회장선거를 하는 날 반 친구들과 사이좋게 지내는 친구를 추천할 수 있지요. 글짓기를 잘하는 친구를 글짓기 대회에 나갈 사람으로 추천할 수 있고요. 추천은 이렇게 어떤 일을 하는 사람을 뽑거나, 어떤 좋은 물건이나 일을 다른 사람에게 알려 주는 일이에요.

회장 후보로 이선미를 추천합니다.

추측
(推 밀 추, 測 잴 측)

어떻게 될지 알 수 없는 일을 미루어 생각하는 일이에요.

이럴 때 이렇게 써요
- 경수가 학교에 없을 것이라고 **추측**해 보았습니다.
- 교원이가 오늘 엄마한테 혼나서 말없이 앉아 있을 거라는 내 **추측**이 맞았습니다.

비슷한말 짐작, 추리

우리 조상들은 무엇을 먹고 살았을까요? 앞으로 백 년이 지나면 우리는 어떤 세상에서 살아갈까요?
미루어 생각해 볼 수는 있지만 정확하게 알 수는 없지요. 아주 오래전 일이나 먼 앞날의 일은 직접 경험할 수 없기 때문이에요.
이렇게 잘 알 수 없는 일을 미루어 생각해 보는 것을 '추측'이라고 해요.

무엇에 쓰는 물건일까?

축하
(祝 빌 축, 賀 더할 하)

남한테 일어난 일을 기뻐하고
즐거워한다는 뜻으로 건네는 인사를 말해요.

이럴 때 이렇게 써요
- 호철이는 유진이의 생일을 **축하**해 주었습니다.
- 오늘 오빠의 대학 합격 **축하** 잔치가 있습니다.

비슷한말 **치하, 경축**

아빠가 회사에서 승진을 했거나 형 또는 언니가 대학에 합격했을 때 모두 기쁜 마음으로 축하해 주지요.
친구가 생일이거나 내가 상을 받았을 때도 축하해 주고요.
축하를 받은 사람은 함께 축하해 주는 사람들이 있어 더욱 기쁘지요. 좋은 일을 더욱 즐겁게 만드는 일이 바로 축하예요.

충고
(忠 충성 충, 告 알릴 고)

어떤 사람의 단점이나 잘못을
그 사람이 깨닫도록 말해 주는 일이에요.

이럴 때 이렇게 써요　　　　　　　　　　　　　**비슷한말** 조언, 주의
- 선생님은 노력하는 것이 더 중요하다고 **충고**해 주셨습니다.
- 비가 올 때 물놀이 하는 것은 위험하다고 **충고**했습니다.

의사 선생님은 편식은 건강에 나쁘니 음식을 골고루 먹으라고 말해요.
학교 선생님은 스스로 공부하는 버릇을 들이면 학원에 안 가도 공부를 잘할 수 있다고 말해 주지요.
이러한 말들이 모두 '충고'예요.
어떤 사람의 단점이나 잘못을 이야기해 주어 그 사람이 잘 되기를 바랄 때 충고해 주는 것이 좋아요.

치료
(治 다스릴 치, 療 병 고칠 료)

병이나 상처를 낫게 하는 일이에요.

이럴 때 이렇게 써요
- 큰 병도 **치료**를 잘하면 나을 수 있습니다.
- 심한 감기에 걸렸을 때는 병원에서 **치료**를 받는 것이 좋습니다.

비슷한말 진료, 의료

배탈이 났을 때, 넘어져서 다리를 다쳤을 때 우리는 병원에 가서 치료를 받아요. 병원에 가지 않아도 간단한 상처는 약을 바르면 낫기도 하고요. 배가 아플 때 집에서 엄마가 배를 쓰다듬으면 배가 따뜻해져서 낫기도 해요. 이런 일들을 모두 치료라고 해요.

친정
(親 친할 친, 庭 뜰 정)

결혼한 여자의 부모님이 사는 집이에요.

이럴 때 이렇게 써요
- 우리 엄마의 **친정**은 정읍입니다.
- 현정이 엄마는 현정이가 태어나고 처음으로 **친정**에 갑니다.

반대말 **시집**

어린이는 부모님과 함께 살지만, 커서 어른이 되고 결혼을 하면 대부분 부모님과 따로 떨어져 살지요.
결혼한 여자가 옛날에 부모님과 함께 살던 집을 '친정'이라고 해요. 쉽게 말하면 나에게 '외가'가 엄마에게 '친정'이지요.

너한테는 외가,
나한테는 친정.

가나다
라마바사
아자차카
타파하

탑승
(搭 탈 탑, 乘 탈 승)

배나 비행기, 차 같은 탈것에 올라타는 일이에요.

이럴 때 이렇게 써요
- 비행기 **탑승** 두 시간 전에는 공항에 가야 합니다.
- 배에 **탑승**하기 전에 표를 확인했습니다.

배를 타거나, 공항에서 비행기를 타는 일, 차에 올라타는 일을 '탑승'이라고 해요. 탑승은 어려운 한자어예요. 우리가 배를 탈 때는 그냥 배에 탄다고 쉽게 말하면 되어요. 가끔 공항이나 선착장에 가면 탑승이라고 써 있는데 타는 곳이라고 생각하면 되지요.

태도
(態 모양 태, 度 헤아릴 도)

어떤 일을 할 때 생각해야 할 마음가짐이나 자세를 말해요.

이럴 때 이렇게 써요
- 어른에게 인사하는 것이 올바른 **태도**입니다.
- 수업 시간에는 바른 **태도**를 지녀야 합니다.

비슷한말 몸가짐, 자세

밥을 먹을 때 맛이 없다고 얼굴을 찡그린 적이 있나요?
엄마 아빠가 정성스럽게 해 준 음식을 맛있게 먹는 것이 바른 태도입니다.
또 수업 시간에 바르게 앉아 듣는 것도 좋은 태도이지요. 친구들과 함께 모둠으로 숙제를 할 때 열심히 하지 않는 것은 좋은 태도라고 할 수 없고요.
'몸가짐'이나 '마음가짐'이라는 말로 바꿔 쓸 수 있어요.

태연
(泰 클 태, 然 그럴 연)

무섭거나 어쩔 줄 몰라 머뭇거릴 일이 생겨도
아무렇지도 않은 듯한 것을 말해요.

이럴 때 이렇게 써요
- 기태는 무서운 개 앞에서 **태연**하게 행동했습니다.
- **태연**한 척했지만 정말 너무너무 떨렸습니다.

비슷한말 의연
반대말 당황

깜깜한 밤에 혼자 길을 갈 때 무서운 기분이 들지만 아무렇지 않게 걸어가 본 적이 있나요? 또, 커다란 개와 마주쳤을 때 속으로는 무척 떨리고 무서웠지만 겉으로 티를 내지 않은 적은요? '태연'은 두려운 기분이 들어도 아무렇지 않게 행동하는 것을 말해요.

속담 중에 '호랑이 굴에 들어가도 정신만 차리면 산다.'는 말이 있어요.

아무리 어렵고 무서운 일을 만나도 마음을 단단히 먹고 태연하게 하면 무슨 일이든 할 수 있다는 뜻이지요.

토박이말

처음부터 있던 말이나 그것에 기초하여 새로 만들어진 말이에요.

이럴 때 이렇게 써요
- 머리, 손, 발은 우리 몸의 한 부분을 나타내는 **토박이말**입니다.
- 국어를 잘하는 민수는 **토박이말** 박사이다.

비슷한말 고유어, 토착어

우리가 늘 사용하는 말들은 크게 토박이말과 한자어로 나눌 수 있어요. 토박이말은 고유어라고도 하는데 처음부터 있던 말이나 새로 만들어진 말이지요. 토박이말은 한자로 쓰지 않고 한글로만 쓰는 순 우리말이라고 생각하면 되어요. 한자어는 한자의 음과 뜻으로 만든 단어들로 한자로 쓸 수 있는 말이지요.

'아버지', '어머니', '하늘', '땅'은 토박이말이지만, '부모(父母)', '천지(天地)'는 한자어예요.

특징
(特 특별할 특, 徵 부를 징)

다른 것에 비해 특별히 눈에 띄는 점을 말해요.

이럴 때 이렇게 써요
- 영희는 코 한가운데 점이 있는 것이 **특징**입니다.
- 하리의 두드러진 **특징**은 팔이 긴 것입니다.

비슷한말 특성, 개성

다른 것과 비교하여 특별히 다른 차이를 가지고 있는 것을 '특징'이라고 해요. 부엉이는 다른 새들에 비해 눈이 큰 것이 특징이고, 딱따구리는 다른 새들에 견주어 부리가 길고 단단한 것이 특징이지요.

많은 사람들 중 친구의 노란 머리 색깔이 눈에 띈다면 그 친구의 특징이 되겠지요.

그 친구의 특징은 머리 색깔이 노란 것입니다.

ㄱㄴㄷ
ㄹㅁㅂㅅ
ㅇㅈㅊㅋ
ㅌㅍㅎ

파견
(派 갈래 파, 遣 보낼 견)

임무를 주어 다른 곳으로 보내는 일이에요.

이럴 때 이렇게 써요
- 희철이 아버지는 프랑스로 **파견**을 갔습니다.
- 사건을 해결하려고 경찰을 **파견**했습니다.

비슷한말 출장

일본에 지진이 났을 때 구조대원이 모자라 우리나라에서도 구조대원을 보냈어요.

아빠가 일하는 곳은 서울이지만 회사에서 아빠한테 잠깐 동안 광주에서 일하라고 했대요.

이렇게 원래 자기가 일하는 곳이 아닌, 다른 곳에 일하러 가는 일을 '파견'이라고 해요.

판결
(判 판단할 판, 決 결단할 결)

잘잘못이나 좋고 나쁨을 따져서
결정하는 일이에요.

이럴 때 이렇게 써요 　　　　　　　　　　　　　　　　**비슷한말** 심판, 판정
- 재판관이 죄인의 잘못을 **판결**했습니다.
- 선생님은 항상 공평하게 **판결**하십니다.

수정이는 언니와 인형 때문에 말다툼을 했어요. 서로 다투다가 엄마한테 판결해 달라고 했어요. 또, 소음 때문에 싸우던 이웃들이 누구의 잘못인지 가려 달라고 판사에게 판결해 달라고 했어요.
이렇게 잘잘못을 가려 결정할 때 판결한다고 해요.

편리
(便 편할 편, 利 이로울 리)

편하게 쓰기 쉬운 것을 말해요.

이럴 때 이렇게 써요 　　　　　　　　　　　　　　　　　　　　**반대말 불편**
- 기술과 통신이 발전하면서 살기가 **편리**해졌습니다.
- 시간이 지날수록 쓰기 **편리**한 제품들이 나옵니다.

옛날에는 소식을 전하려면 사람이 직접 편지를 들고 가거나 말을 타고 가야 했어요. 그래서 시간도 많이 걸리고 편지가 망가지거나 잃어버려 제대로 소식을 전하지 못하는 일도 많았지요.
하지만 요즘에는 전화나 문자 메시지, 전자 메일로 빨리 소식을 전할 수 있어서 편리해요.

평생

세상에 태어나서 죽을 때까지를 말해요.

이럴 때 이렇게 써요
- 할아버지는 **평생** 우표를 모으셨습니다.
- 이집트에서는 사람이 죽어도 영혼은 **평생** 살 수 있다고 생각해서 미라를 만들었습니다.

비슷한말 한평생, 일생

아기가 태어나서 학생이 되고, 어른이 되고 노인이 되어 죽을 때까지 살아가는 동안을 '평생'이라고 해요. 사람들은 평생 많은 경험을 하지요. 많은 사람을 만나고요. 평생은 아주 긴 시간이기 때문에 그 사람에 대한 모든 것을 알 수 있어요. '위인전'은 위인의 평생에 대한 내용을 담은 책이에요.

포장
(包 쌀 포, 裝 꾸밀 장)

종이나 천으로 물건을 보기 좋게 싸는 일이에요.

이럴 때 이렇게 써요
- 엄마 생일 선물을 예쁜 포장지로 정성스레 **포장**했습니다.
- 선물 **포장**지를 벗겨 내자 멋진 장난감 자동차가 나왔습니다.

다른 사람에게 예쁘게 꾸며진 선물상자를 받으면 기분이 좋지요. '포장'이란 종이나 천으로 싸서 물건의 겉모습을 보기 좋게 꾸미는 일을 말해요. 또, 겉모습만 그럴듯하게 꾸미는 것도 포장한다고 하지요.

표정
(表 겉 표, 情 뜻 정)

기분이나 감정이 겉으로 드러난 얼굴 모양을 말해요.

이럴 때 이렇게 써요
- 할머니가 편찮으셔서 영미의 **표정**이 슬퍼 보였습니다.
- 밝게 웃는 **표정**으로 친구에게 인사했습니다.

비슷한말 얼굴빛, 안색

기쁠 때, 슬플 때, 화날 때 우리 얼굴은 모두 다른 모습이에요. 우리는 얼굴만 봐도 그 사람이 어떤 기분인지 짐작할 수 있어요.
사람의 기분이 얼굴로 드러나는 모양을 '표정'이라고 해요.
표정이라는 말은 '얼굴'로 바꾸어 쓸 수 있어요.

표지판
(標 표할 표, 識 적을 지, 板 널빤지 판)

어떤 사실을 알리려고 표시해 놓은 판이에요.

이럴 때 이렇게 써요
- **표지판**의 안내에 따라 쭉 가 보니 절이 나왔습니다.
- 산을 오르는데 '정상까지 앞으로 1킬로미터(km)'라는 **표지판**이 보였습니다.

놀이공원에 가면 여러 가지 안내가 붙은 것을 볼 수 있어요. 화장실을 알려 주기도 하고, 놀이기구의 위치를 알려 주기도 하지요.
또, 산에 가면 이곳은 위험하니까 들어가지 말라고 표시한 표지판도 있고, 들어가는 곳과 나가는 곳을 알려 주는 표지판도 있어요.
표지판은 어떤 사실을 알리려고 표시해 놓은 판이지요.

표현
(表 겉 표, 現 나타낼 현)

생각이나 느낌을 몸짓이나 말, 글,
그림으로 나타내는 일이에요.

이럴 때 이렇게 써요
- 미술 시간에 상상 속의 동물을 찰흙으로 **표현**해 보았습니다.
- 영숙이는 부모님께 고마움의 **표현**으로 자그마한 선물을 드렸습니다.

비슷한말 묘사

나의 생각을 다른 사람에게 전달할 때 몸짓이나 말로 하기도 하고, 글로 쓸 수도 있지요. 또 떠오르는 생각이나 느낌을 그림으로 그리거나 소리로 나타낼 수도 있고요.
이처럼 생각이나 느낌처럼 눈에 보이지 않는 것을 겉으로 드러날 수 있게 나타내는 일을 '표현'이라고 해요.

필요
(必 반드시 필, 要 모을 요)

반드시 있어야 되는 것을 말해요.

이럴 때 이렇게 써요
- 내일 수학 시간에 준비물로 삼각자, 컴퍼스가 **필요**합니다.
- 우리나라 사람은 밥을 먹을 때 수저가 **필요**합니다.

비슷한말 소용, 필수
반대말 불필요

사람이 살아가려면 물과 공기가 꼭 필요해요. 또 식물이 자라려면 물과 햇빛이 꼭 필요하지요.
바다에서 잠수를 할 때에도, 숨을 쉬기 위해 산소가 필요해요. 그림을 그리려면 미술 도구들이 필요하고요.
무엇을 하기 위해 반드시 있어야 하는 것을 필요라고 해요.

가나다
라마바사
아자차카
타파하

하루

밤 열두 시부터 그 다음 날 밤 열두 시까지로,
보통 아침부터 저녁까지를 말해요.

이럴 때 이렇게 써요
- 기철이는 오늘 **하루** 많은 일들을 했습니다.
- 명희는 몸이 아파서 **하루** 종일 집에만 있었습니다.

비슷한말 날

해가 뜨는 아침부터 해가 지는 저녁까지를 '하루'라고 해요.
또 그냥 어떤 날을 말하기도 하지요.
시계가 생기고부터는 밤 열두 시부터 그 다음 날 밤 열두 시까지를 하루라고 해요. 하루는 24시간이지요.
하루가 두 번이면 이틀이라 하고, 세 번이면 사흘, 네 번이면 나흘이라고 해요. 다섯 날은 닷새, 여섯 날은 엿새, 일곱 날은 이레, 여덟 날은 여드레, 아홉 날은 아흐레, 열 날은 열흘이에요.

합격
(合 맞을 합, 格 다다를 격)

시험이나 검사, 심사에서 주어진
조건을 통과하여 자격을 얻는 일을 말해요.

이럴 때 이렇게 써요
- 엄마는 요리사 시험에 **합격**했습니다.
- 은성이의 삼촌이 대학교에 **합격**했습니다.

비슷한말 적합, 통과
반대말 탈락, 불합격

삼촌이 운전면허 시험에 합격했어요. 또 형은 공군이 되려고 받은 신체검사에 합격했고요. 원희는 태권도 심사에서 합격했지요.
어떤 시험이나 검사, 심사에서 조건에 맞는 사람이 되었을 때, 우리는 합격했다고 말해요.

해결
(解 풀 해, 決 터트릴 결)

어떤 일이나 문제를 잘 푸는 일을 말해요.

이럴 때 이렇게 써요 　　　　　　　　　　　　　　　비슷한말 **처리**
- 새가 하늘을 어떻게 나는지 책을 보고 궁금증을 **해결**했습니다.
- 오랫동안 고민하던 문제가 **해결**되었습니다.

풀리지 않던 수학 문제를 풀고 또 풀다 보니 마침내 정답을 맞췄어요.
학교에 가다가 신발을 하수구에 빠트렸는데, 어떤 아저씨가 기다란 쇠꼬챙이로 건져 주었어요.
자동차가 고장이 나서 길에 섰을 때 자동차 수리 기사 아저씨가 고쳐 주었지요.
이처럼 어떤 일이 속 시원하게 풀리는 일을 '해결'이라고 해요.

행사
(行 갈 행, 事 일 사)

평소와는 다르게
특별하게 어떤 일을 하는 것을 말해요.

이럴 때 이렇게 써요　　　　　　　　　　　　　　　　　　　**비슷한말** 일
- 갑자기 비가 와서 운동회 **행사**가 취소되었습니다.
- 매년 7월 17일에는 제헌절 **행사**가 있습니다.

'행사'라는 말은 어떤 일을 한다는 말이에요. 그런데 평소에 흔히 하는 일을 행사라고 하지는 않아요. 조금 특별한 날에 하는 일을 주로 행사라고 하지요. 생일잔치나 돌잔치, 결혼식도 행사이고, 우리나라가 일본한테 빼앗긴 나라를 다시 되찾은 날을 기념해 열리는 8월 15일 광복절 기념식도 행사예요.

허수아비

새나 짐승으로부터 기르는 곡식을 보호하려고
사람처럼 꾸며 논밭에 세워 놓은 막대 인형을 말해요.

이럴 때 이렇게 써요
- 곡식이 익어 가는 가을 논에 가면 **허수아비**를 볼 수 있습니다.
- 철희는 날마다 내가 하라는 대로만 하는 **허수아비**입니다.

새나 들짐승이 논밭에 와서 곡식을 먹으면 애써 지은 농사를 망치게 되지요. 그래서 마치 사람이 지키고 서 있는 것처럼 보이게 하려고 막대 인형을 만들어 세우지요. 이것을 '허수아비'라고 해요.
허수아비라는 말은 또 다른 뜻으로도 쓰여요. 자기 생각 없이 남이 시키는 대로 하는 사람을 말할 때도 쓰고, 제구실을 못하고 자리만 차지하는 사람을 말할 때도 써요.

형식
(形 모양 형, 式 법 식)

어떤 일이나 행동을 할 때 지키는 절차나 양식이에요.

이럴 때 이렇게 써요
- 형철이는 자유로운 **형식**으로 시를 지었습니다.
- 내용도 중요하지만 **형식**도 무시할 수 없습니다.

비슷한말 법칙
반대말 실질, 실체

옛날 전통 혼례식 과정을 살펴보면 꼭 해야 하는 여러가지 일들이 있어요. 서로 절을 하거나 나무로 만든 기러기를 전하는 것이 그러하지요.
이렇게 어떤 일을 하도록 정해진 것을 '형식'이라고 해요.
어떤 행사에 참가하려면 참가 신청서를 쓰기도 하는데, 신청서에는 정해진 형식이 있어요. 신청서의 형식에 맞게 잘 써야 해요.

확인
(確 굳을 확, 認 알 인)

어떤 일이 잘 되었는지 안 되었는지 한 번 더 알아보는 일이에요.

이럴 때 이렇게 써요
- 현준이는 인수의 시험 점수를 **확인**하고 놀랐습니다.
- 집 밖으로 나갈 때는 가스레인지를 껐는지 꼭 **확인**해야 합니다.

숙제를 잘했는지 선생님이 살펴보는 일, 밖에 나가기 전에 엄마가 가스레인지를 살펴보는 일, 옷을 제대로 입었는지 거울 앞에 서서 보는 일들을 우리는 '확인'한다고 해요.
무엇을 하고 나서 다시 한 번 살펴보면 실수를 줄일 수 있지요.

환호
(歡 기쁠 환, 呼 부를 호)

매우 기뻐서 큰 소리를 내는 일을 말해요.

이럴 때 이렇게 써요
- 다음 주말에 여행을 갈 거라는 아빠의 말씀에 태호는 **환호**를 했습니다.
- 오늘 다른 반과 축구 경기를 한다는 말에 반 친구들이 **환호**했습니다.

비슷한말 환호성

축구 경기에서 응원하는 선수가 골을 넣으면 매우 기쁘지요. 팔짝팔짝 뛰면서 소리 지르며 기뻐하기도 하고요.
길을 가다 좋아하는 영화배우를 만났을 때도 반갑고 기뻐서 소리를 높여 부르기도 하지요. 이처럼 너무 기뻐서 크게 소리 내는 일을 '환호'라고 해요.

활용
(活 살 활, 用 쓸 용)

어떤 물건을 잘 쓰는 일을 말해요.

이럴 때 이렇게 써요
- 폐식용유를 **활용**해서 비누를 만들었습니다.
- 성우는 다 마신 음료수 캔을 **활용**하여 장식품을 만들었습니다.

비슷한말 사용, 이용
반대말 악용

우리가 사는 지구에는 땅속에서 나는 자원이 많지 않아요. 그래서 자원을 아껴서 잘 써야 해요. 학용품도 아껴서 잘 써야 하고요.
이렇게 어떤 물건을 잘 쓰는 일이 '활용'이에요.
다 쓰고 난 플라스틱 병이나 상자, 알루미늄으로 만든 병은 공장에서 다른 물건으로 만들어 다시 쓸 수 있어요. 이렇게 다 쓴 물건을 다시 쓰는 일을 '재활용'이라고 해요.

비누가 되었네!

훈화
(訓 가르칠 훈, 話 말씀 화)

교훈이나 가르침이 되는 말을 해 주는 일이에요.

이럴 때 이렇게 써요
- 선생님은 수업 시작 전에 항상 우리에게 **훈화**를 합니다.
- **훈화**를 잘 들으면 도움이 되지요.

비슷한말 훈계, 훈시

조회 시간에 교장 선생님이 학교에서 어떻게 지내야 하는지 알려 주거나 올바른 예절을 가르쳐 주기도 해요. 이렇게 해 주는 좋은 말을 '훈화'라고 해요.
훈화라는 말이 어렵게 느껴지면 그냥 우리말로 '말씀'이라고 바꿔 써도 되어요.

흡입
(吸 마실 흡, 入 들 입)

어떤 물질을 빨아들이는 것을 말해요.

이럴 때 이렇게 써요   **비슷한말** 흡수
- 청소기 **흡입**구에 커다란 과자 봉투가 걸려서 청소기가 고장이 났습니다.
- 빨대로 콜라를 **흡입**하다 목에 걸려 고생을 했습니다.

청소기는 먼지를 남김 없이 빨아들여요. 사람은 공기를 마시고 살지요. 빨대로 물을 쪽쪽 마실 때도 있어요. 이럴 때 모두 흡입한다고 말할 수 있어요. 하지만 흡입은 어려운 한자어이니 쉬운 우리말로 '마신다'고 하거나 '빨아들인다'고 말하면 되지요.

흥미
(興 즐거울 흥, 味 맛볼 미)

즐거운 마음이 생기는 일을 말해요.

이럴 때 이렇게 써요　　　　　　　　　　　　　　　　**비슷한말** 재미, 관심
- 축구공을 갖고 싶은 걸 보니 축구에 **흥미**가 생겼나 보다.
- 어떻게 하면 수학 과목에 **흥미**가 생길 수 있을까?

선생님이 수업 시간에 별자리를 보여 주었는데, 그날부터 왠지 밤만 되면 별이 어디에 있나 찾아보는 버릇이 생겼어요. 별자리에 흥미가 생겨 관심을 갖게 된 것이지요.
자전거를 타다 보니 즐거운 마음이 생겨서 또 타고 싶은 마음이 든다면 자전거 타기에 흥미가 생겼다는 뜻이고요.

한글, '큰 글'

한글은 우리나라의 고유 문자로 세종 대왕이 만들었어요.
한글이 만들어지기 전에는 한자를 사용했는데, 한자는 우리나라에서 만든 문자가 아니에요. 우리와 가까운 나라인 중국에서 아주 오래전에 만들어서 사용하던 문자였어요. 그런데 한자는 너무 많은 글자로 되어 있고 쓰기도 어려웠어요. 그래서 양반들처럼 한자를 공부한 사람이 아니면 사용할 수가 없었어요.
세종 대왕은 한자를 쓰기 어려워하는 백성들을 위해 누구나 쉽게 사용할 수 있는 문자를 만들고 싶었어요. 그래서 궁궐에 집현전이라는 학문 연구 기관을 두고 학자들에게 학문과 글자를 연구하도록 했어요.
세종 대왕과 집현전 학자들은 오랜 기간 동안 연구 끝에 우리나라 글자인 훈민정음(한글)을 만들었어요.
한글은 과학적이고 체계적이어서 누구나 쉽게 배울 수 있는 문자였지만, 처음에는 한자를 공부하는 사람들의 반대에 부딪쳐서 일반 백성들 중심으로 사용했어요.
'한글'이라는 이름은 한글학자인 주시경 선생님이 처음 사용했어요.

신나는
국어 교실
뽐내는
국어 실력

자음자와 모음자

한글에는 자음자와 모음자가 있어요.
자음자는 목, 입, 혀 따위의 발음 기관에 닿으며 나는 소리를 말해요.

ㄱ	ㄴ	ㄷ	ㄹ	ㅁ	ㅂ	ㅅ
기역	니은	디귿	리을	미음	비읍	시옷
ㅇ	ㅈ	ㅊ	ㅋ	ㅌ	ㅍ	ㅎ
이응	지읒	치읓	키읔	티읕	피읖	히읗

모음자는 성대의 진동을 받은 소리가 목, 입, 코를 거쳐 나오면서
장애를 받지 않고 나는 소리를 말해요.

ㅏ	ㅑ	ㅓ	ㅕ	ㅗ
아	야	어	여	오
ㅛ	ㅜ	ㅠ	ㅡ	ㅣ
요	우	유	으	이

자음자와 모음자가 만나야 말이 되고 글이 되지요.
아래에서 파란색이 자음자이고, 빨강색이 모음자예요.

아기   이야기   속담   주인공   책

고유어와 한자어

고유어란 우리가 사용하는 말 중에서 한자어와 외래어를 뺀 순 우리말을 말해요. 토박이말이라고도 하지요.
우리가 사용하는 말 중에서 한자의 음과 뜻에 기초를 두고 만들어진 말을 한자어라고 하고요. 실제로 우리말에는 한자어가 아주 많아요.
하지만 한자어를 사용하는 것보다 우리나라의 토박이말을 사용하는 것이 우리말을 오래도록 지키고 사용하는 방법이지요.

같은 뜻을 가진 고유어와 한자어

- 뫼 / 산(山)
- 가람 / 강(江)
- 나라 / 국가(國家)
- 고뿔 / 감기(感氣)
- 끼니 / 식사(食事)

틀리기 쉬운 말

가르치다와 가리키다
① 오늘 학교 수업에서 선생님께서 효도에 대해 <u>가리켜</u> 주셨습니다.
② 오늘 학교 수업에서 선생님께서 효도에 대해 <u>가르쳐</u> 주셨습니다.

위의 문장에서 바르게 쓰인 말은 ②이에요.

'가르치다'는 모르는 것에 대해 깨닫게 하여 알게 한다는 뜻이에요.

- 동생에게 수학을 가르쳐 주었습니다.
- 배우는 것보다 가르치는 것이 더 어렵습니다.

'가리키다'는 몸짓이나 말로 어떤 목적물을 짚어 보이는 것을 말하지요.

- 어디가 아픈지 가리켜 볼래?
- 그 사람이 누가 범인인지 가리켜 봅시다.

잃어버리다와 잊어버리다
① 놀이공원에서 가방을 잃어버렸어.
② 놀이 공원에서 가방을 잊어버렸어.

위의 문장에서 바르게 쓰인 말은 무엇일까요? 바로 ①이지요.

'잃어버리다'는 자신도 모르게 없어져 어떤 것을 아주 갖지 못하게 되는 것을 말해요.
길을 못 찾거나 생각이나 감정이 사라졌을 때도 사용하지요.

- 자꾸 물건을 잃어버리는 것은 좋지 못한 습관이야.
- 여행을 갔는데 길을 잃어버려서 사람들에게 물어봤어.

'잊어버리다'는 알았던 것을 기억하지 못할 때, 기억해야 할 일을 갑자기 생각하지 못했을 때 쓰는 밀이지요. 어떤 일에 열중에서 다른 것은 하지 않을 때도 사용해요.

- 어제 친구와의 약속을 깜박 잊었지 뭐야.
- 보람이는 자는 것도 잊어버리고 만화책을 보았대.

우리말 바로 쓰기

비슷한 소리가 나는 낱말들은 흔히 틀리기 쉬워요.
또 잘못 알고 사용하는 말들도 있지요.
틀리기 쉬운 단어들을 살펴보고, 바르게 사용할 수 있도록 잘 기억해 두세요.

폭팔(×)	폭발(○)	욱박지르다(×)	윽박지르다(○)
햇님(×)	해님(○)	육계장(×)	육개장(○)
줏어서(×)	주워서(○)	짜집기(×)	짜깁기(○)
우연치 않게(×)	우연히(○)	비로서(×)	비로소(○)
밑둥(×)	밑동(○)	설농탕(×)	설렁탕(○)
재털이(×)	재떨이(○)	쪽제비(×)	족제비(○)
벼개(×)	베개(○)	쪽집게(×)	족집게(○)
윗어른(×)	웃어른(○)	찌게(×)	찌개(○)
쑥맥(×)	숙맥(○)	구렛나루(×)	구레나룻(○)
상치(×)	상추(○)	짜르다(×)	자르다(○)
쭈꾸미(×)	주꾸미(○)	곱배기(×)	곱빼기(○)
배멀미(×)	뱃멀미(○)	심술장이(×)	심술쟁이(○)
땜쟁이(×)	땜장이(○)	구데기(×)	구더기(○)
장아치(×)	장아찌(○)	가재미(×)	가자미(○)

동음이의어

소리는 같지만 뜻이 다른 낱말을 동음이의어라고 해요.

- **눈**
  - 눈을 감고 가만히 생각한다.
  - 지붕 위에 하얀 눈이 소복이 쌓였다.

- **배**
  - 음식을 잘못 먹었는지 배가 아프다.
  - 늦잠을 자서 울릉도로 가는 첫 배를 놓쳤다.
  - 저녁 후식으로 맛있는 배를 먹었다.

- **발**
  - 발을 닦지 않아서 고린내가 난다.
  - 옛날에는 방문에 발을 달아 가리곤 했다.

- **손**
  - 밖에서 들어오면 손을 꼭 닦아야 한다.
  - 처음부터 끝까지 우리 손으로 해야 한다.

- **과장**
  - 삼촌이 회사에서 과장으로 승진을 하셨다.
  - 그 개그맨은 과장된 몸짓으로 사람들을 웃긴다.

- **이사**
  - 아빠 회사의 이사님이 우리 집에 놀러 오셨다.
  - 다른 동네로 이사를 가서 친구들과 헤어졌다.

- **기상**
  - 수련회에 가면 아침 기상 시간이 너무 빠르다.
  - 뉴스 시간에 하는 기상 정보를 보지 못했다.

- **사회**
  - 고등학교를 졸업하고 바로 사회에 진출하는 사람도 있다.
  - 이모의 혼인식에서 이름난 영화배우가 사회를 봤다.

- **사과**
  - 새콤달콤한 사과를 가장 좋아한다.
  - 잘못한 일을 사과하는 일은 용기 있는 행동이다.

문장 부호의 이름과 쓰임

부호	이름	쓰임
,	반점	누군가를 부를 때 부르는 말 뒤에 써요. 보람아, 낱말을 나란히 놓을 때에도 써요. 사과, 배, 포도, 딸기
?	물음표	무엇을 물어볼 때 문장 끝에 써요. 이것은 가격이 얼마예요? 현수가 오늘 학교에 갔나요?
!	느낌표	느낌을 나타내는 문장 끝에 써요. 정말 고마워! 깜짝이야! 앗!
.	온점	설명하는 문장 끝에 써요. 사람은 동물입니다. 친구들과 사이좋게 지내야 합니다.
' '	작은따옴표	말하는 사람이 마음속으로 한 말을 적을 때 쓰지요. '내가 실수로 컵을 깼다고 솔직하게 말할까?' '엄마 몰래 해 놓고 기쁘게 해드려야지.'
" "	큰따옴표	말하는 사람이 소리 내어 한 말을 적을 때 쓰지요. "누가 말해 볼까?" "선생님, 여기가 어디예요?"